MIXOLOGIE
SAUVAGE

Retrouvez toutes nos nouveautés et actualités sur www.laplage.fr
Écrivez-nous :
• Pour toute demande ou réclamation : info@laplage.fr
• Pour envoyer vos manuscrits : edition@laplage.fr

58, rue Jean Bleuzen – 92178 Vanves cedex
Dépôt légal : octobre 2023
NUART : 4951621
ISBN : 9782383382348

Direction éditoriale : Céline Le Lamer
Conception graphique : Nicolas Gallois
Mise en page : ZS studio
Relecture : Garance Ducol
Fabrication : Amélie Moncarré
Responsable marketing et communication : Charlotte Couture (ccouture@laplage.fr)
Responsable partenariats : Dana Lichiardopol (dlichiardopol@hachette-livre.fr)

Toutes les photographies de cet ouvrage sont de Coraline Kowalczyk.

Imprimé en France sur du papier certifié sans chlore issu de forêts gérées durablement, avec des encres végétales sur les presses de PPO, un imprimeur reconnu pour ses pratiques respectueuses de l'environnement.

PAPIER À BASE DE FIBRES CERTIFIÉES

La plage s'engage pour l'environnement en réduisant l'empreinte carbone de ses livres. Celle de cet exemplaire est de : 1,4 kg éq. CO_2

MIXOLOGIE SAUVAGE

DE LA CUEILLETTE À L'ALCHIMIE DES COCKTAILS

CORALINE KOWALCZYK DE L'HERBORISTE

éditions la plage

préface

La nature m'a toujours irrésistiblement attirée.

J'ai grandi dans une commune urbaine en constante bétonisation. Adolescente, je cherchais dans la forêt du réconfort, de l'inconnu, un silence capable de m'avaler tout entière. Ce n'est que lorsque j'ai eu des ami.es vivant à la campagne que j'ai commencé à entrevoir la nature non plus comme un sanctuaire, mais comme une source infinie de connaissances. On m'a appris à croquer les aphyllanthes au printemps, à récolter les mûres en été. Petit à petit, la nature m'est devenue familière.

La cueillette de plantes sauvages s'est offerte à moi avant que je ne m'y intéresse de manière intentionnelle. Je ne savais pas encore, à ce moment, à quel point elle prendrait de l'importance dans ma vie. Lorsque le besoin de se reposer sur la nature pour survivre s'est envolé, notre connaissance des plantes sauvages et de leurs utilisations a cessé de se transmettre. Les légumes sauvages sont devenus des mauvaises herbes ; les baies inspirent la méfiance. À certaines époques, la cueillette était associée à la pauvreté et à la famine : elle était une nécessité honteuse.

Ironiquement, les ingrédients sauvages sont à présent l'apanage des plus aisé.es et des grand.es chef.fes. C'est le cas des champignons, dont certaines espèces se vendent à plusieurs dizaines d'euros au kilo alors qu'on en trouve facilement dans nos forêts ; ou dont on retrouve certaines variétés à la carte des grands restaurants gastronomiques alors qu'on ne les trouverait jamais dans le panier d'un.e mycophile.

Alors, entre survie et élitisme, que retrouve-t-on ? Depuis quelques années, une nouvelle génération de cueilleur.ses voit le jour. Que ce soit pour se nourrir en partie ou profiter des bienfaits que les plantes sauvages peuvent apporter, la cueillette est en vogue.

Pour moi, cueillir est un acte de rébellion.

L'industrialisation nous éloigne de plus en plus du lien qui nous unissait à la nature. Accéder à la forêt, ou même à un parc, est devenu un privilège. Connaître les plantes, les consommer ou les utiliser est un savoir presque secret. Je pensais que la nature était impressionnante et énigmatique, que c'était une entité à part entière détachée de l'espèce humaine, quelque chose de sacré que l'on ne devait pas toucher. Mais, un jour d'automne où j'étais trempée après avoir rampé dans les feuilles mortes pour chercher des girolles, où tout autour de moi je reconnaissais

le chêne blanc, l'oxalis et les paxilles enroulés trompeurs, j'ai réalisé que je faisais partie intégrante de la nature. Comme moi, elle s'adapte aux saisons, oscille entre l'ordre et le chaos, et s'imprègne de ce qui l'entoure. Malgré tout, pour moi, il faut retenir une chose : la nature ne nous donne pas, c'est nous qui lui empruntons.

Pourquoi cueillir ? Parce que la cueillette offre des plantes et des fruits frais impossibles à acheter, parce qu'elle nous donne accès un panel de saveurs et de plaisirs inédits. La cueillette est une chasse au trésor qui nous pousse à sortir des sentiers battus ; elle nous fait réaliser qu'il n'y a pas besoin d'aller à l'autre bout du monde pour explorer l'inconnu.

Quand on commence à se pencher sur les plantes sauvages, la cueillette peut paraître intimidante. Chaque année en France, des empoisonnements ont lieu à la suite d'une mauvaise identification de plantes sauvages. Cependant, il n'est pas nécessaire de pouvoir identifier chaque plante que l'on rencontre en promenade pour pouvoir apprécier chez soi quelques comestibles faciles à trouver et reconnaître. Toutes les plantes citées dans ce livre sont faciles à identifier, et surtout, difficiles à confondre : c'est l'occasion parfaite de se familiariser avec les plantes sauvages, d'apprendre à les identifier et à les apprécier.

Vous ne savez pas par où commencer ? Ne vous inquiétez pas : je vais tout vous expliquer. Plongez-vous dans les pages suivantes pour apprendre les règles de la cueillette, mais aussi connaître le matériel dont vous aurez besoin pour réaliser les recettes, les alcools à utiliser pour faire des liqueurs, la manière de stériliser vos ustensiles, et toute une multitude d'informations qui vous sera plus qu'utile pour faire votre entrée dans le monde de la mixologie sauvage en toute sérénité.

Bonne lecture !

sommaire

SIROPS, MIELS, SUCRES ET GARNITURES POUR COCKTAILS

LIQUEURS, JUS ET INFUSIONS

Cocktails et mocktails

Introduction

La cueillette

Règles et bonnes pratiques

La cueillette sauvage nous semble anodine, mais elle ne l'est pas : cueillir de la mauvaise façon peut avoir un impact négatif sur les écosystèmes fragiles qui nous entourent. Pour cueillir en toute sécurité, logique et légalité, plusieurs règles sont à connaître et à respecter.

❧ Être sûr.es à 110 % d'avoir correctement identifié une plante avant de la consommer

C'est probablement la règle la plus importante pour vos cueillettes. Cela ne signifie pas que vous ne pouvez pas prélever une plante pour en faire l'identification totale une fois chez vous, au contraire. Cependant, lorsque même un infime doute persiste sur l'identification d'une plante cueillie, ne la consommez pas.

En France, on compte une centaine de plantes dangereuses parmi celles considérées comme toxiques. Bien souvent, quelques connaissances suffisent à ne pas confondre les plantes comestibles avec les plantes toxiques. Dans ce livre, j'ai préféré mettre en avant des plantes qui présentent très peu de chances de confusion. Cependant, il est toujours préférable de se renseigner sur une plante avant la cueillette : aujourd'hui, beaucoup de livres et de ressources en ligne existent pour se familiariser avec les plantes sauvages. Si vous avez un problème de santé chronique ou êtes enceinte, il est impératif de vérifier qu'une plante n'a pas d'effet secondaire avant de la consommer. Même si la majorité des plantes sont sans danger en petites quantités, deux précautions valent mieux qu'une.

❧ Connaître les plantes protégées et leurs législations

Bien que la cueillette sauvage ne soit plus une pratique extrêmement commune chez les particuliers, elle continue à être pratiquée en masse dans certains domaines professionnels. C'est le cas notamment dans l'industrie de la parfumerie, friande du narcisse des poètes ; mais l'ail des ours – à la mode ces dernières années – est lui aussi victime de la pression exercée par la cueillette sauvage.

En plus de la cueillette, la pollution et le réchauffement climatique ont également de fortes conséquences négatives sur la flore. Certaines espèces sont donc soumises à des réglementations strictes voire à une interdiction de cueillette, que ce soit sur le plan national ou régional. Vous pouvez consulter la liste de ces plantes en ligne sur l'arrêté du 20 janvier 1982.

❧ Savoir où la cueillette est tolérée et où elle est interdite

En France, où la cueillette n'est pas un droit à proprement parler, tous les terrains ont un propriétaire, qu'il soit public ou privé. Il est donc important de vous renseigner avant de vous lancer dans la cueillette sauvage.

On trouve 3 types de terrains :

• les zones protégées, où la cueillette est interdite

• les forêts publiques, où la cueillette est généralement tolérée

• les terrains privés

Dans tous les cas, vous avez besoin de l'accord du propriétaire pour faire de la cueillette sauvage. Pour les forêts publiques, un appel à la mairie vous confirmera si la cueillette est tolérée ou non ; pour les terrains privés, il vous faudra trouver les coordonnées du ou de la propriétaire, en demandant au cadastre ou à la mairie, pour obtenir son autorisation. Le ou la propriétaire a le droit de refuser ou de poser des conditions. Pour en savoir plus sur les endroits où vous aimeriez pratiquer la cueillette, vous pouvez vous rendre sur le site www.geoportail.gouv.fr qui vous donnera des indications sur les zones protégées, les terrains publics et privés.

❧ Cueillir de la bonne manière, avec raison et respect

On a tendance à dire que la nature nous offre ; pour moi, c'est nous qui lui empruntons. Il est important de cueillir de façon à ne pas avoir un impact sur l'écosystème et sur la repousse de cette plante. Pour cela, il faut :

• cueillir uniquement les parties de la plante dont on a besoin, à l'aide de ciseaux et sans la déraciner

• ne jamais piller une zone en cueillant la totalité d'une espèce, mais au contraire laisser une partie des plants en bonne santé pour qu'ils puissent continuer leur cycle et se reproduire

• ne pas cueillir un spécimen s'il pousse seul ou très peu dans une zone

• laisser vivre les plantes et champignons non comestibles sans les abîmer ou les détruire ; eux aussi sont importants pour la biodiversité

• éviter la cueillette dans les zones polluées (bords des routes, abords des champs, décharges sauvages...)

Pour moi, il est important de cueillir avec modération, tout en gardant à l'esprit que les plantes et les champignons ne poussent pas pour nous : ils jouent un rôle dans l'équilibre des forêts. Laissez-en pour les autres, et faites en sorte que votre passage ne se remarque pas.

Calendrier de cueillette

	JANV.	FÉVR.	MARS	AVRIL	MAI	JUIN	JUIL.	AOÛT	SEPT.	OCT.	NOV.	DÉC.
Coquelicots				x	x							
Pommes de pin				x	x	x						
Arbouses										x	x	x
Noisettes									x	x		
Fleurs de sureau				x	x	x						
Baies de sureau								x	x			
Fleurs d'aubépine				x	x	x						
Cynorhodons									x	x	x	
Prunelles									x	x	x	x
Violettes		x	x	x	x							
Muscari			x	x	x							
Mûres								x	x			
Feuilles de figuier						x	x	x				
Sumac						x	x	x	x			
Nèfles					x	x						
Fraises des bois						x	x					
Amandes vertes				x	x	x						
Lavande						x	x	x				
Hibiscus						x	x	x				
Lilas				x	x							
Baies de genévrier										x	x	

La mixologie sauvage

Le monde culinaire m'a toujours passionnée. Devenir végétarienne très jeune, puis vegan quelques années plus tard, m'a permis de faire mes premiers pas dans cet univers. C'est lorsque j'ai passé mon CAP pâtisserie en candidat libre en 2019 et que j'ai ouvert mon blog de cuisine vegan https://l-herboriste.com/ que je me suis réellement plongée dans les aspects techniques du domaine gustatif. Ironiquement, lorsque j'ai choisi ce pseudo, je n'étais pas encore familière avec la cueillette sauvage – pour moi, ce n'était qu'une manière de faire référence au fait que les vegan ne mangent que des plantes. M'intéresser aux cocktails maison, aux alcools et aux liqueurs était une suite logique. Tout a commencé en offrant un simple kit à cocktails à mon compagnon, et nous y voilà.

❧ Mais une première question se pose : qu'est-ce qu'un cocktail ?

Le Larousse en donne une définition simple : c'est une « boisson constituée d'un mélange de liqueurs, d'alcools, de sirops et d'aromates ». Le CNRTL va un peu plus loin, et définit le cocktail comme une « boisson capiteuse généralement fortement alcoolisée, composée d'un mélange de différentes substances et servie glacée ». On peut donc conclure que le cocktail est un mélange de boissons qui contient au moins un alcool fort. On dit souvent qu'il y a six cocktails classiques à retenir : le Old fashioned, le Martini, le Daïquiri, le Sidecar, le Highball et le Flip. Tous les autres cocktails que l'on connaît n'en seraient que des variantes. Pas d'inquiétude : bien qu'il soit toujours intéressant de connaître les bases, vous n'avez pas besoin d'apprendre les recettes de ces cocktails par cœur pour apprécier les recettes de ce livre.

Le monde des cocktails est bien plus libre que celui de la cuisine. Que ce soit pour les recettes ou les proportions, tout le monde peut apporter sa touche personnelle sans provoquer des vagues de protestations. Il s'agit plus d'équilibrer les saveurs que d'être fidèle à une seule et même recette classique.

Dans ce livre, j'ai eu envie de revisiter les classiques au sens large en version sauvage, tout en proposant des cocktails originaux. Je vous partage tout ce dont vous aurez besoin pour constituer votre propre petit bar, des sirops jusqu'aux liqueurs – et promis, c'est bien plus simple que ce que l'on croit. Pour commencer, il vous suffit de remplacer un ingrédient que vous avez l'habitude d'utiliser par un ingrédient sauvage, et petit à petit, votre cuisine se transformera en jardin.

Sirops et liqueurs

Les sirops et les liqueurs sont des moyens simples et merveilleux de commencer à intégrer la nature à ses boissons. Tout peut se transformer en liqueur ou en sirop : pour les liqueurs, ce qui variera principalement, c'est le temps d'infusion ; pour les sirops, on trouve différentes méthodes à choisir selon la plante ou le fruit qu'on utilise, et selon l'utilisation qu'on compte en faire.

❧ 1. Conservation, matériel et stérilisation

Les liqueurs se conservent souvent plusieurs années. Le principal risque, c'est que la liqueur perde son goût : c'est le cas par exemple du limoncello, dont les saveurs citronnées se dégradent au bout de quelques semaines même s'il reste tout à fait consommable. Pour ce type de liqueurs, on préfèrera une conservation dans un endroit froid, comme une cave ou un frigo – ou encore mieux, un congélateur pour pouvoir conserver les saveurs plus longtemps. Pour les liqueurs dont le goût ne se dégrade pas avec le temps, ou se bonifie avec les mois, les conserver dans un endroit sombre et sec est suffisant. Pour les sirops, c'est une autre affaire. Leur conservation varie selon le type de sirop et de plante utilisé. Si un sirop fermenté peut se garder plusieurs mois, un sirop à froid sera lui beaucoup plus sensible aux mauvaises bactéries.
La mise en conserve des aliments est une science précise avec laquelle on ne peut pas prendre de liberté. Les sirops que je partage dans ce livre ne sont pas destinés à la mise en conserve, et ne pourront pas être conservés à température ambiante : il est impératif de les mettre au frigo.

Pour créer et conserver sirops et liqueurs, vous aurez besoin :

• de bocaux en verre de contenances variées (au minimum 1,5 l pour les liqueurs et 200 ml pour les sirops)
• de leurs couvercles en métal attitrés, sans trace d'usure et sans rouille
• de bouteilles en verre de contenances variées, munies de préférence d'un bouchon mécanique, en verre ou en métal
• d'une casserole en inox

Ces éléments se trouvent très facilement dans les grandes surfaces, les magasins spécialisés, ou même dans les boutiques de seconde main. Afin de conserver vos préparations le plus longtemps possible, la stérilisation de votre matériel est une étape à ne pas ignorer.

Avant stérilisation, les bocaux doivent être minutieusement lavés à l'eau et au savon. Pour les stériliser, couchez-les dans une grande casserole. Couvrez d'eau autant que possible et ajoutez une cuillère à soupe de vinaigre pour éviter le dépôt de tartre sur le verre. Faites chauffer l'eau avec le matériel déjà dans la casserole pour éviter un choc de température qui risquerait d'abîmer ou de casser les bocaux. Portez à ébullition : quand l'eau bout, couvrez la casserole et comptez dix minutes. Ensuite, éteignez le feu, retirez le matériel de l'eau à l'aide d'une pince et laissez sécher sur un égouttoir ou un linge propre.

Si pour les photos j'ai souvent utilisé des bouchons en liège, je vous les déconseille pour la conservation de vos sirops et liqueurs, à moins qu'ils soient neufs et inutilisés. Il m'est déjà arrivé d'avoir un bouchon en liège parfaitement propre qui avait moisi au-dessus de mon sirop – sans parler du fait qu'ils conservent souvent un goût ou un parfum qui peut se mélanger à votre nouvelle préparation. Préférez les bouchons mécaniques munis de silicone, ou les bouchons similaires qui rendent votre contenant hermétique et sont faciles à laver.

Pour s'assurer que vos sirops se conservent le plus longtemps possible, il est important de n'utiliser que des ustensiles propres lorsque vous les manipulez : n'utilisez jamais de cuillère qui a touché un autre aliment, ou que vous avez portée à votre bouche. Évitez également d'y mettre les doigts, même si l'envie est souvent tentante. De nombreux sirops sont meilleurs dans les deux semaines après leur confection, que ce soit en termes de goût ou de conservation. Cependant, chaque sirop est différent, et leur apposer une date limite de consommation se révèle bien compliqué : les sirops fermentés se gardent par exemple plusieurs mois, et les sirops à chaud bien plus de deux semaines.

Pour savoir si votre sirop est toujours bon, faites confiance à vos sens : ne prenez pas de risque si votre sirop a une odeur ou un goût étrange. Des dépôts peuvent se former au fond de certains sirops ou liqueurs : c'est tout à fait normal. En revanche, si une moisissure se forme à la surface, ou n'importe où dans votre contenant (comme sur le bouchon ou le bord du bocal), jetez le mélange et ne le consommez surtout pas. Si vous vous retrouvez avec plus de sirop que ce que vous pensiez utiliser et que vous avez peur de le perdre, vous pouvez le congeler dans un contenant hermétique : il suffira de prélever et de décongeler une partie lorsque vous en aurez l'usage.

❧ 2. Alcool à liqueur : recommandation et calcul du pourcentage d'alcool

En France, chaque région a sa propre recette de liqueur selon les fruits ou plantes locaux. À l'origine utilisée comme digestif, la liqueur se différencie des spiritueux simples (vodka, rhum, tequila...) par l'ajout de sucre et de substances aromatiques. Son taux d'alcool est de minimum 15 % (ou 15°).

Confectionner une liqueur est un procédé assez simple en surface, qui se fait en trois étapes :

1. On fait macérer notre arôme (fruits, noix, plantes) dans un alcool fort, en général neutre en goût (mais pas toujours), pendant quelques jours à plusieurs mois.
2. On filtre le mélange à travers une passoire fine pour ne récupérer que l'alcool infusé.
3. On y ajoute une certaine quantité de sucre ou de sirop de sucre avant d'embouteiller.

Munie de mes livres de recettes de grand-mères, je me suis heurtée à plusieurs questionnements : quel alcool utiliser, et comment calculer les proportions de sirop de sucre à ajouter ?

Dans de nombreuses recettes, l'alcool utilisé est un alcool neutre à 90 %, ce qui est tout simplement introuvable en France. Utilisé en tant que désinfectant, on ne peut le trouver qu'en petite bouteille en pharmacie, et bien souvent, il est impropre à la consommation. Bien que certaines recettes ne jurent que par l'alcool à 90 %, mieux vaut se tourner vers une option plus simple. La plupart des alcools pour fruits que j'ai pu trouver dans le commerce avaient un taux d'alcool de 35 ou 37,5 %, ce qui semble un peu bas. Mon choix s'est porté sur de la vodka à 40 %, un alcool neutre et fort parfait pour la confection des liqueurs maison et qui se trouve très facilement.

Quelle est la différence entre un alcool à 90 % et un alcool à 40 % ?

Deux alcools avec un pourcentage d'éthanol différent extrairont les saveurs de manière différente. Plus le taux d'alcool est élevé, plus les saveurs seront claires. Pour autant, cela ne signifie pas que les liqueurs créées à partir d'un alcool à 40 % ne seront pas riches en goût.

Cueillies à la main
Hibiscus
Epicéa

Délicieuse liqueur aux
FRUITS DES BOIS
Inspirée par les saisons
et créée à partir de fruits
entiers cueillis à la main
Liqueur de fleurs de
SUREAU
produite en France
qualité maison

La deuxième différence majeure sera le taux de sucre apporté à votre liqueur. Le sirop ajouté aux liqueurs modifie le taux d'alcool présent dans la boisson : pour atteindre un taux d'alcool à 25 %, une liqueur confectionnée avec un alcool à 90 % aura besoin de beaucoup plus de sucre qu'une liqueur confectionnée avec du 40 %. La liqueur faite avec de l'alcool à 40 % sera donc moins sucrée. Si vous n'avez vraiment aucune autre option, alors vous pouvez utiliser de l'alcool à 37,5 %. Cependant, je vous conseille vraiment une vodka ou un alcool neutre à 40 % si vous pouvez vous en procurer.

D'ailleurs, comment se calcule la teneur en alcool d'une liqueur ?

Il faut avant tout calculer la teneur en alcool de notre base alcoolique. Lorsqu'une bouteille de vodka a un volume d'alcool de 40 %, cela signifie que le liquide dans la bouteille est constitué à 40 % d'éthanol pur. C'est la même chose pour tous les autres pourcentages ou degrés d'alcool : un gin à 37,5 % contiendra 37,5 % d'éthanol, un alcool à liqueur à 90 % contiendra 90 % d'éthanol (et c'est bien pour ça qu'il n'est plus commercialisé en France). Une bouteille de spiritueux a habituellement un volume de 700 ml – néanmoins, il est possible que vous n'utilisiez pas la totalité de ce volume pour faire une liqueur, notamment si vous décidez de diviser les doses. Pour calculer la quantité d'éthanol en ml présent dans notre bouteille, il faut faire ce calcul :

(pourcentage d'alcool x volume d'alcool utilisé) ÷ 100

Pour la vodka que l'on utilise afin de faire des liqueurs, le pourcentage d'alcool est de 40 %. Partons du principe que nous allons utiliser toute la bouteille (700 ml). Le calcul est le suivant :

(40 x 700) ÷ 100 = 280 ml

Dans le volume d'alcool utilisé pour notre liqueur, il y a donc 280 ml d'éthanol.

Le même calcul est utilisé quel que soit le volume qu'on utilise pour faire la liqueur. Si vous décidez par exemple de diviser les doses en utilisant la moitié de la bouteille, soit 350 ml, on aura :

(40 x 350) ÷ 100 = 140 ml

Dans le volume d'alcool utilisé pour notre liqueur, il y a donc 140 ml d'éthanol.

Ce taux d'alcool restera à peu près constant pendant et après la phase de macération : puisque certains ingrédients absorberont du liquide (comme les noisettes) ou, au contraire, ajouteront du liquide à votre mélange (comme certains fruits), il est intéressant de vérifier le volume de votre liqueur après macération et filtrage. Si le volume a baissé, alors je vous conseille de refaire le calcul avec le nouveau volume obtenu, en partant du principe que l'ingrédient macéré a absorbé autant d'éthanol que des autres composants. Si le volume a augmenté, la quantité d'éthanol en ml reste la même.

Partons du principe que la quantité d'éthanol dans notre boisson est restée sensiblement la même après macération, soit 280 ml d'éthanol dans 700 ml de boisson – un alcool à 40 %. Comment faire maintenant pour baisser ce pourcentage, et avoir par exemple une liqueur à 26 % ? En d'autres mots : quelle quantité de sirop de sucre ajouter ? Là encore, nous avons besoin d'un petit calcul. Pour ça, il faut diviser notre quantité d'éthanol par le pourcentage voulu (sous sa forme décimale, 0,26 pour 26 %). Ensuite, on lui soustrait le volume total de notre liquide après macération. Ce qui revient à :

(volume d'éthanol ÷ pourcentage voulu sous forme décimale) – volume total du liquide après macération

Soit : (280 ÷ 0,26) – 700 = 376,9

Arrondissons les chiffres : pour obtenir une liqueur à 26 %, il faut ajouter à notre alcool un volume de 375 ml en sirop de sucre. Ce calcul reste le même si le volume total de liquide a augmenté après macération (par exemple après macération de fruits juteux).

À vous maintenant de décider à quel point vous voulez sucrer votre sirop (et donc votre liqueur) : vous pouvez réaliser un sirop de sucre à 50 % d'eau et 50 % de sucre, ou 75 % de sucre et 25 % d'eau, etc.

Si votre quantité de liquide a beaucoup augmenté après macération (pour une liqueur aux fruits rouges, par exemple), vous aurez besoin de recalculer le pourcentage d'alcool de votre liquide. Le volume d'éthanol en ml reste le même (280 ml), mais votre quantité de liquide a changé : le pourcentage, ou degré alcoolique, n'est plus le même.

Imaginons que le liquide a augmenté de 200 ml : il n'y a plus 700 ml de liquide, mais 900 ml. Il faut trouver ce que représente 280 ml d'éthanol en pourcentage dans ce liquide total. Le calcul est assez simple :

(volume d'éthanol ÷ volume total du liquide après macération) x 100

Soit : (280 ÷ 900) x 100 = 31,11

Le liquide alcoolique obtenu après macération est à présent de 31 ° : il contient 31 % d'éthanol. Il suffit ensuite de se référer aux autres calculs pour savoir quelle quantité de sirop de sucre ajouter afin d'obtenir un pourcentage précis.

Derrière le bar

❧ 1. Les spiritueux essentiels

Spiritueux, eaux-de-vie, liqueurs… Ces termes font tous référence à un liquide alcoolisé, mais ont chacun leurs caractéristiques. Les spiritueux désignent les alcools obtenus par distillation, ce qui les différencie des boissons uniquement fermentées comme le vin ou la bière. On sépare ensuite les spiritueux en deux catégories : les eaux-de-vie, dont le goût provient des matières premières fermentées avant distillation, et les boissons composées, auxquelles on ajoute des arômes après distillation. Les liqueurs en font partie, mais le gin et la Chartreuse aussi.
Dire qu'il existe autant de spiritueux que d'arômes est un euphémisme. Entre liqueurs et eaux-de-vie, le choix devient vite bouleversant.

Pour faire des cocktails, je vous conseille d'avoir au moins ces cinq spiritueux différents dans votre bar :

• La vodka (eau-de-vie) : on pourrait la négliger à cause de son goût totalement neutre, mais c'est justement son atout. Grâce à son goût neutre, la vodka sert à élaborer un très large panel de cocktails en révélant les arômes des autres ingrédients.

• Le gin (composé) : aromatisé avec, entre autres, des baies de genévrier, le gin est de loin mon alcool préféré. Ses saveurs botaniques sont subtiles mais bien présentes et donnent une tout autre complexité aux cocktails amers, acidulés ou épicés.

• La tequila (eau-de-vie) : cet alcool fabriqué au Mexique à partir d'agave a un goût bien à lui. Légèrement sucrée et boisée, la tequila s'accorde à merveille aux agrumes et aux fruits exotiques, mais on l'associe aussi souvent au sel et au piment.

• Le rhum (eau-de-vie) : qui ne connaît pas son goût et son parfum caractéristique ? Consommé chaud ou froid, on utilise le rhum aussi bien en boisson qu'en dessert, et c'est pour cette raison qu'on le retrouve dans les cocktails sucrés et onctueux.

• Le whisky (eau-de-vie) : il en existe plusieurs types : blended malt, bourbon, tennessee… Chacun a ses spécificités de fabrication et de goût. Les plus boisés sont pour moi les plus difficiles à apprécier, alors que les plus mielleux sont plus accessibles. En cocktail, il se marie bien avec les goûts de pomme, de caramel et de vanille.

À présent, quelle marque, quel dosage, quel degré privilégier ?

Ce sera à vous de voir. Plus on a de budget, plus on a accès à des spiritueux de qualité. Il existe plusieurs façons de déterminer la qualité d'un alcool : sa concentration d'éthanol, sa concentration de matières premières avant distillation, son lieu de fabrication... Sans connaître tous ces détails, le prix est généralement un bon indicateur : les bouteilles bon marché ont souvent une qualité moindre que les bouteilles les plus chères. Ça ne veut pas dire qu'elles sont de mauvaise qualité, ou que l'alcool ne sera pas bon, mais le goût sera moins subtil, moins complexe. Je vous conseille d'acheter un alcool abordable si vous en achetez pour la première fois, ou si c'est ce qui correspond à votre budget : il ne tient qu'à vous d'ajouter ensuite de la complexité dans vos cocktails.

2. Le nécessaire à cocktails

Maintenant que vous savez tout ce dont vous avez besoin à propos des éléments qui constituent un cocktail, il est plus que temps de commencer à shaker ! Pour pouvoir confectionner des cocktails, vous aurez besoin d'un certain matériel.

Voici une liste des accessoires principaux dont vous allez vous servir :

• Un shaker : aujourd'hui, on peut trouver des shakers partout et à tous les prix. Un shaker banal en inox est tout à fait suffisant. Si vous n'en avez pas encore, le shaker peut être remplacé par un pot en verre épais et un couvercle qui le rend hermétique. Il ne sert pas qu'à mélanger les ingrédients ensemble : shaker un cocktail modifie sa texture, sa température, et permet à certains ingrédients de mousser.

• Un doseur à cocktails : ces petits doseurs ont deux doses différentes. Attention : tous les doseurs ne contiennent pas la même quantité. Je vous conseille un doseur qui fait 30 ml (1 once) d'un côté et 15 ml (½ once) de l'autre. Pour savoir quel volume fait un doseur, il suffit de peser la quantité d'eau qu'on peut y verser : le poids de l'eau est égal à son volume (30 g d'eau = 30 ml de liquide). Tous les liquides ne font pas le même poids, il est donc impératif de mesurer jus et alcools en ml et non en g. C'est encore mieux si vous trouvez un petit doseur gradué.

• Un pilon à cocktails : il permettra d'écraser délicatement au fond de votre shaker herbes et fruits frais.

• Une petite passoire : on peut utiliser une passoire à cocktails qui se fixe sur le shaker avant de verser la boisson dans son verre, ou une petite passoire fine. Elle permet d'obtenir une boisson à la texture homogène, sans morceau de fruits, de plantes ou de glaçons.

• Une cuillère de bar : ces longues cuillères au manche fin permettent de mélanger les cocktails, qu'importe la taille du verre. En effet, tous les cocktails ne se shakent pas : certains se mélangent seulement. Leur manche en spirale permet également de verser au fond des verres les liquides, qui glissent sans se renverser le long de la cuillère, pour créer des dégradés.

• Un presse-agrume : l'agrume est un ingrédient phare dans les cocktails, et bien souvent, c'est son jus qu'on utilise. Je préfère un presse-agrume muni d'un bec verseur plutôt qu'un simple presse-agrume à manche pour pouvoir doser facilement le jus avec le doseur à cocktails.

• Des bacs à glaçons : il est recommandé d'utiliser des gros glaçons pour shaker. En utilisant un seul gros glaçon, on limite la quantité de glace qui fond dans le cocktail : le but, c'est de shaker sans transformer votre boisson en cocktail à l'eau. Aujourd'hui, on trouve des bacs à glaçons partout et pour tous les goûts – mes préférés sont les glaçons en forme de sphères ou de gros cubes, mais il m'arrive parfois d'utiliser simplement un moule à muffins en silicone pour faire de gros glaçons.

• Des verres : car vous ne pensiez quand même pas boire à même le shaker... Les verres existent sous toutes les formes et pour tous les goûts – leur volume varie d'un verre à l'autre. Beaucoup de cocktails sont conçus pour être bus dans un verre spécifique, même si ce n'est pas une obligation.

• D'autres accessoires sont moins nécessaires, mais trouvent aisément leur place dans un bar à cocktails : des pailles réutilisables, des becs verseurs pour spiritueux, des pics à cocktails ou encore un zesteur pour les agrumes.

3. Les différents verres

Il existe des verres de toutes les formes et de toutes les contenances, du plus simple au plus extravagant. Ce n'est pas qu'une question de visuel : chaque verre est conçu dans un but précis. Le verre à whisky, aux bords larges et au fond épais, permet à votre main de réchauffer doucement l'alcool tout au long de la dégustation, et à votre odorat de capter le parfum puissant de l'éthanol dès la première gorgée. Les verres à champagne, plus étroits, piègent les bulles à l'intérieur du verre. Choisir un verre plutôt qu'un autre ne relève pas du caprice : la forme du verre choisi impacte nos sens dans leur manière d'analyser l'arôme et le parfum d'un cocktail.

Voici les cinq verres principaux dont vous aurez besoin dans votre bar :

• Le verre à whisky : aussi appelé tumbler ou old fashioned, le verre à whisky est utilisé pour les boissons à base de whisky, qu'on sirote lentement pour goûter tous les aspects de l'alcool. Le cocktail sera ou non servi *on the rocks* : avec des glaçons, qui se diluent petit à petit.

• Le verre à martini : il se reconnaît à son long pied et son verre en forme de V élargi qui sert d'appui aux pics à cocktails. Sa particularité est d'offrir une large surface au cocktail, permettant à l'alcool de s'aérer : discerner ses différents composants devient plus facile. Il est idéal pour les cocktails à base de gin ou de spiritueux composés.

• Le verre collins : aussi surnommé verre long ou highball, le collins se remplit de glace avant d'y verser le cocktail, ce qui le garde froid aussi longtemps que possible. Les boissons qu'on y sert sont souvent très diluées, contenant plus de jus ou de soda que d'alcool pur : tequila sunrise, mojito...

• La coupe : connue pour servir le champagne, la coupe est pourtant très déconseillée pour toutes les boissons pétillantes : sa surface large laisse les bulles s'échapper. Elle se rapproche plutôt du verre à martini, et peut être utilisée de la même façon, pour tous les cocktails sucrés aux notes fruitées ou botaniques.

• La flûte : la caractéristique de la flûte est d'avoir une base plus large que les bords : cette forme permet aux bulles de champagne, traditionnellement servi dans des flûtes, de s'échapper moins vite. C'est un verre élégant qu'on réserve à tous les cocktails à base de champagne ou de vin pétillant.

Doit-on forcément suivre ces indications ?

Non, mais servir un mojito dans un verre à martini n'est pas l'expérience que la recette prévoit, et il aura même un goût différent d'un mojito servi dans un collins. Certains verres sont interchangeables selon les boissons ; parfois, il ne s'agit que de goûts personnels. J'aime particulièrement utiliser des verres à whisky, même pour les cocktails qui ne s'y prêtent pas : quelque chose dans leur forme rend le goût de la boisson tout simplement meilleur.
Je vous recommande cependant d'utiliser le bon verre pour le bon cocktail, ne serait-ce que pour la première fois. Les ressourceries sont les meilleurs endroits où trouver des verres à petits prix : il y en a pour tous les goûts, et par chance, ce n'est pas ce qu'il manque dans les magasins de seconde main.

1

Sirops, miels, sucres et garnitures pour cocktails

SIROP DE COQUELICOT

Lorsque les champs de coquelicots fleurissent au printemps, il est temps de cueillir des pétales pour préparer du sirop de coquelicot. Le coquelicot ne doit pas être confondu avec ses espèces voisines, mais il est facile à reconnaître avec ses pétales larges flamboyants tâchés de noir à la base. Le goût de ce sirop se rapproche de la grenadine, et peut être utilisé de la même façon.

Pour environ 20 cl

Ingrédients

- **20 g de pétales de coquelicot**
- **250 g d'eau**
- **Le jus de ½ citron jaune**
- **125 g de sucre blanc en poudre**

Matériel

- **1 bocal de 400 ml et son couvercle pour l'infusion**
- **1 bouteille de 20 cl et son bouchon pour la conservation, stérilisés**

Instructions

- Après avoir cueilli les pétales de coquelicot, rincez-les à l'eau et égouttez-les.
- Déposez-les dans un bocal propre.
- Dans une petite casserole, faites chauffer l'eau : quand l'eau commence à bouillir, retirez-la du feu et versez-la dans le bocal sur les pétales.
- Laissez tiédir, fermez avec un couvercle et laissez infuser au réfrigérateur toute la nuit.
- Le lendemain, filtrez le tout à travers une passoire fine, au-dessus d'une casserole : pressez bien les pétales pour en retirer le maximum de liquide.
- Ajoutez le jus de citron : le liquide passe de violet à rouge coquelicot.
- Ajoutez également le sucre en poudre, puis faites chauffer le tout à feu doux en mélangeant pour dissoudre le sucre.
- Quand le liquide commence à frémir, laissez cuire pendant 10 minutes : cette cuisson permet de développer les arômes du coquelicot, qui passe d'un goût d'herbe à un délicieux goût acidulé proche des fruits rouges.
- Au bout de 10 minutes, vérifiez que le sirop a réduit autour des 20 cl en le versant dans un verre doseur résistant à la chaleur : s'il n'a pas assez réduit, remettez-le 2 à 3 minutes sur le feu. Sinon, versez-le directement dans une bouteille stérilisée, fermez, et laissez refroidir au réfrigérateur.
- Conservez au réfrigérateur et consommez dans les 30 jours.

SIROP DE JEUNES POMMES DE PIN

S'il y a une recette sauvage que vous vous devez de tester, c'est celle-ci : c'est de loin la recette la plus étonnante que j'ai pu faire avec des ingrédients cueillis dans la nature. Son goût surprenant n'a rien de ce qu'on pourrait attendre : il m'évoque personnellement la barbe à papa. Les pommes de pin, cueillies encore vertes, sont longuement cuites dans de l'eau sucrée, ce qui neutralise les tanins pour ne garder que ce goût exceptionnel.

Pour environ 400 ml

Ingrédients

- **100 g de jeunes pommes de pin encore vertes**
- **800 g d'eau**
- **400 g de sucre blanc en poudre**

Matériel

- **1 bocal de 400 ml et son couvercle, stérilisés**

Instructions

- Une fois les pommes de pin récoltées (par facilité, je vous conseille d'utiliser des pommes de pin de petite taille bien que les plus grosses fonctionnent aussi), laissez-les tremper 24 heures dans un bocal d'eau.
- Au bout de 24 heures, il est possible que le liquide ait fermenté : ne vous en inquiétez pas. Égouttez les pommes de pin et coupez le bout de chaque pomme de pin côté tige pour retirer tout morceau de tige ou de branche : ne sautez pas cette étape, car la tige produit de la sève qui rendra le sirop très astringent. Jetez les morceaux retirés, et déposez les pommes de pin dans une casserole avec les 800 g d'eau et 400 g de sucre blanc en poudre.
- Faites chauffer à feu moyen en mélangeant pour que le sucre fonde, jusqu'à ébullition. Une fois que le liquide chauffe à petits bouillons, laissez cuire 10 minutes. Au bout de 10 minutes, sortez du feu et laissez tiédir dans la casserole.
- Faites chauffer à nouveau : cette fois, comptez 20 minutes à partir de l'ébullition. Au bout de 20 minutes, sortez du feu et laissez à nouveau tiédir dans la casserole.
- Une fois le liquide tiédi, faites à nouveau chauffer la casserole. Lorsque le liquide bout, comptez 30 minutes de cuisson supplémentaires – ou jusqu'à obtenir 400 ml de sirop, pommes de pin comprises.
- Sortez du feu et laissez tiédir une dernière fois avant de verser le tout dans un bocal. Fermez et laissez refroidir complètement au réfrigérateur.
- Une fois froid, le sirop doit avoir épaissi. Il peut maintenant être utilisé dans les cocktails et dans toutes vos boissons favorites. Il se garde plusieurs mois au réfrigérateur.

SIROP DE FEUILLES DE FIGUIER

La figue est mon fruit préféré – mais il n'y a pas que la figue qui est comestible dans le figuier ! La feuille de figuier peut s'utiliser à la manière des feuilles de vigne, mais elle peut aussi servir à aromatiser sirops et desserts. Avec ses notes d'amande, de coco et de vanille, le goût du sirop de feuilles de figuier est incomparable.

Pour environ 20 cl

Ingrédients

- **3 belles feuilles de figuier**
- **400 g d'eau**
- **125 g de sucre blanc en poudre**

Matériel

- **1 bouteille de 20 cl et son bouchon, stérilisés**

Instructions

- Prélevez les feuilles de figuier en faisant attention à ne pas vous brûler avec le lait qui sort de la tige. Préférez cueillir les feuilles au printemps ou au début de l'été car c'est à cette période qu'elles auront le plus de goût.
- Une fois chez vous, coupez au maximum les tiges des feuilles, puis rincez bien les feuilles dans un grand saladier d'eau. Essuyez-les ensuite avec un torchon.
- Préchauffez votre four à 150° C.
- Disposez les feuilles sur une plaque à four puis enfournez dans le four chaud pendant quelques minutes, jusqu'à ce qu'elles sèchent complètement. Attention de ne pas les laisser brûler.
- Hors du four, laissez-les refroidir.
- Les feuilles doivent être cassantes : émiettez-les dans une casserole avec les mains, couvrez avec les 400 g d'eau, puis faites chauffer à feu moyen.
- Laissez frémir pendant 10 minutes à compter de l'ébullition, puis sortez du feu et laissez le tout refroidir.
- Une fois l'infusion tiède, filtrez-la à travers une passoire fine. Prélevez 250 ml de l'infusion que vous pouvez verser à nouveau dans la casserole.
- Ajoutez le sucre en poudre, et faites chauffer sur le feu en mélangeant pour faire fondre le sucre.
- Une fois que le liquide frémit, laissez cuire à petit feu pendant 10 minutes ou jusqu'à obtenir 20 cl de sirop.
- Laissez tiédir quelques minutes avant de verser dans une bouteille stérilisée. Fermez et laissez refroidir complètement au réfrigérateur.
- Conservez au réfrigérateur et consommez dans les 30 jours.

SIROP D'AGRUMES

Les jus d'agrumes sont très utilisés en mixologie – alors, pourquoi faire un sirop ? Ce sirop d'agrumes n'a pas seulement un goût acidulé : préparé avec des agrumes entiers, peaux y comprises, c'est un sirop amer. L'amertume dépendra des agrumes utilisés : une orange donnera un sirop légèrement amer, alors qu'un pamplemousse ou un poncire seront bien plus concentrés en amertume. Le sirop d'agrumes permet de remplacer le bitter amer dans les cocktails, et de l'imiter dans les mocktails.

Pour environ 150 ml

Ingrédients

- **150 g de sucre blanc en poudre**
- **200 g d'eau**
- **1 agrume de votre choix (1 orange, 1 gros citron jaune, 1 petit pamplemousse…), de préférence bio**

Matériel

- **1 bouteille en verre de 15 cl et son bouchon, stérilisés**

Instructions

- Dans une casserole, mélangez le sucre en poudre et l'eau.
- Portez à ébullition.
- Pendant ce temps, préparez l'agrume de votre choix : coupez les deux extrémités de l'agrume, puis coupez-le en tranches de quelques millimètres. Ça n'a pas besoin d'être parfait. Personnellement, j'ai utilisé une orange.
- Quand le sirop commence à frémir, ajoutez les tranches d'agrume entières dans la casserole. Mélangez doucement avec une spatule.
- Laissez cuire à petits bouillons pendant 12 minutes, puis sortez du feu.
- Laissez refroidir complètement avant de filtrer et de verser dans une bouteille.
- Conservez au réfrigérateur.

Astuce

Vous pouvez tout à fait déguster les tranches d'agrumes qui vous ont servi à faire ce sirop. Similaires à des fruits confits, vous pouvez les manger telles quelles, les déposer sur un cake ou une brioche, ou encore les couper en petits morceaux pour les incorporer dans une pâte à gâteau.

SIROP DE FLEURS À FROID
POUR LES FLEURS DÉLICATES

Certaines fleurs ont un parfum extrêmement délicat qui ne supporte pas la chaleur. Pour réaliser un sirop, il faudra alors laisser infuser les fleurs dans de l'eau froide ou à température ambiante puis y mélanger du sucre jusqu'à dissolution. Cette méthode est particulièrement adaptée pour les fleurs de sureau, les fleurs d'aubépine, les fleurs de jasmin ou encore celles du chèvrefeuille.

POUR ENVIRON 200 ML

INGRÉDIENTS

- **100 ml d'eau à température ambiante**
- **2 poignées généreuses de fleurs**
- **100 g de sucre blanc en poudre (environ)**

MATÉRIEL

- **1 bocal et son couvercle pour l'infusion**
- **1 bocal de 200 ml et son couvercle pour la conservation, stérilisés**

INSTRUCTIONS

- Récoltez les fleurs et enlevez les plus grosses tiges.
- Déposez-les dans un bocal et recouvrez-les d'eau. Fermez, puis laissez infuser au réfrigérateur, pendant 24 heures.
- Le lendemain, filtrez à travers une passoire fine en pressant bien les fleurs pour extraire le maximum de parfum.
- Pesez l'infusion obtenue : vous devez y ajouter le même poids de sucre blanc en poudre. Mélangez bien jusqu'à dissolution du sucre.
- Une fois le sucre dissous, transvasez dans un bocal et fermez. Conservez jusqu'à 2 semaines au réfrigérateur.

NOS AMIES LES PLANTES

romarin

SIROP DE ROMARIN

Ce sirop simple peut se décliner avec plusieurs herbes aromatiques, comme le thym ou le laurier. Ces saveurs originales sont bien plus douces que l'on imagine, et trouvent très facilement leur place dans les cocktails. Le sirop de menthe ou de rose peut se réaliser de la même manière.

Pour environ 20 cl

Ingrédients

- **200 ml d'eau**
- **150 g de sucre blanc en poudre**
- **5 brins de romarin (environ 5 g)**

Matériel

- **1 bouteille en verre de 20 cl et son bouchon, stérilisés**

Instructions

- Préparez les brins de romarin frais en les rinçant bien à l'eau. Vous pouvez garder les branches ainsi que les bourgeons et les fleurs s'il y en a.
- Dans une casserole, versez l'eau et le sucre et portez à ébullition.
- Quand le tout commence à bouillir, baissez le feu et rajoutez le romarin. Laissez frémir environ 6 minutes.
- Sortez ensuite la casserole du feu et laissez refroidir complètement, sans retirer le romarin – il continue à infuser.
- Quand le sirop est à température ambiante, filtrez et versez dans une bouteille. Fermez hermétiquement.
- Conservez au réfrigérateur et consommez dans le mois.

SIROP DE VIOLETTE
OU DE MUSCARI

Ce sirop de fleurs a un secret : il change de couleur. Bleu à sa confection, il devient rose quand on y ajoute un élément acide, comme du jus de citron. Ce sirop pourra être fait avec des violettes odorantes dès l'hiver, ou du muscari plus tard au printemps. Les violettes sont reconnaissables à leur parfum, et le muscari à sa fleur en grappe – il a moins de goût, mais une couleur encore plus vive. Si vous en avez la possibilité, mélanger les deux fleurs donne un sirop encore meilleur.

Pour environ 200 ml

Ingrédients

- **20 g minimum de fleurs** (sans les tiges)
- **120 g d'eau**
- **100 g de sucre blanc en poudre** (environ)

Matériel

- **1 bocal assez grand et son couvercle pour l'infusion**
- **1 bocal de 200 ml et son couvercle pour la conservation, stérilisés**

Instructions

- Après avoir récolté les fleurs, détachez les pétales du calice (la petite partie verte à la base de la fleur). Pour le muscari, décrochez simplement les fleurs de la tige.
- Déposez les pétales et/ou les fleurs dans un bocal.
- Faites chauffer l'eau jusqu'à ébullition, puis attendez une dizaine de minutes (ou jusqu'à ce qu'elle atteigne 70 °C) avant de la verser sur les fleurs. Mélangez avec une cuillère, fermez et laissez infuser à température ambiante pendant 24 heures.
- Le lendemain, filtrez le mélange. Pressez bien les fleurs dans vos mains pour en extraire tout le parfum et la couleur.
- Pesez le liquide obtenu, et préparez le même poids en sucre blanc en poudre.
- Versez le liquide dans un récipient et ajoutez le sucre. Mélangez bien jusqu'à ce que le sucre soit complètement dissous.
- Versez le sirop obtenu dans une bouteille stérilisée et fermez hermétiquement.
- Conservez au réfrigérateur et consommez sous 3 semaines.

— IV. Les roses.

SIROPS FERMENTÉS

MÉTHODE DU CHEONG (청)

Parmi la myriade de recettes de sirops qui existe à travers le monde, une a retenu mon attention : c'est la recette du cheong (청), un sirop fermenté tout droit venu de Corée du Sud. Communément réalisée avec du citron ou de la prune, la méthode du cheong se prête particulièrement à la confection de sirops de fruits sauvages (pommes, poires, nèfles, fruits rouges, cornouilles...), mais aussi de sirops d'autres plantes (menthe, oseille, lilas, jeunes pousses d'épicéa...). Ce sirop est plus une méthode qu'une recette. Le principe est assez simple : dans un bocal, on mélange du sucre en poudre avec l'ingrédient dont on souhaite extraire l'arôme. Pas de liquide en plus : on laisse simplement la nature suivre son cours. Le sucre, peu à peu, va absorber l'humidité présente dans les autres ingrédients et se liquéfier. Les levures présentes naturellement sur les plantes ou les fruits utilisés vont fermenter, permettant au sirop d'être conservé des mois au réfrigérateur. Pas d'inquiétude cependant : le sirop n'a pas un goût de fermentation. Au contraire, utiliser cette méthode pour faire un sirop permet d'extraire un arôme des plus purs d'une plante ou d'un fruit. L'autre avantage, c'est la magnifique couleur qu'on obtient une fois le sirop réalisé. Comme souvent lors de la confection de produits fermentés, les résultats peuvent varier : selon la plante ou le fruit utilisé, selon son taux d'humidité, selon le sucre utilisé, selon la température ambiante... Je vous conseille de faire vos premiers tests avec de petites quantités pour voir ce qui fonctionne, et ce qui fonctionne moins. Un cheong pourra donc prendre quelques jours à faire, si vous utilisez des pommes sauvages pour le confectionner, comme plusieurs semaines, si vous utilisez des pommes de pin, des jeunes pousses d'épicéa ou de la lavande. Croyez-moi : votre patience sera récompensée.

Ingrédients

- **Une quantité de fleurs, fruits ou plantes (nèfles, cornouilles, menthe, pétales de rose, lilas, myrtilles, pommes de pin vertes, jeunes pousses d'épicéa...)**
- **Le même poids en sucre blanc en poudre**

Matériel

- **2 bocaux en verre et leur couvercle stérilisés, 1 pour le procédé et 1 pour la conservation**

Instructions

- Si besoin, rincez bien les fleurs, fruits ou plantes à l'eau après la cueillette. Vous devez impérativement les utiliser frais pour que toute l'humidité soit conservée : n'attendez pas le lendemain.
- Séchez ensuite l'ingrédient choisi, en utilisant un torchon ou une essoreuse à salade.
- Si vous utilisez une plante aromatique (menthe, romarin, origan...), hachez-la très grossièrement. Si vous utilisez des fruits comme des pommes, des poires ou des agrumes, coupez-les en morceaux (à vous de voir si vous gardez la peau ou non). Le but, c'est que le sucre puisse être en contact avec l'humidité.

• Réservez environ un quart du sucre.
• À l'aide d'une cuillère, transvasez l'ingrédient aromatique et les trois quarts du sucre dans un bocal en procédant par couches : au fond de votre bocal, déposez une couche de la plante, fleur ou fruit. Saupoudrez ensuite d'une partie de sucre. Puis recommencez avec la plante, fleur ou fruit, puis avec le sucre… Jusqu'à épuisement.
• Une fois le tout transvasé, appuyez pour tasser (avec un verre, un pilon…).
• Finissez en saupoudrant la surface avec le quart de sucre restant. Cela permet de créer une barrière entre l'ingrédient aromatique et l'air contenu dans le bocal.
• Fermez le bocal et laissez-le reposer à température ambiante, à l'abri du soleil.
• Selon l'ingrédient utilisé, le cheong peut être prêt en 2 jours comme en 3 semaines. Lorsque le sucre commence à être bien dissous vous pouvez mélanger le contenu du bocal avec une cuillère pour aider les cristaux restants à se liquéfier.
• Quand le sucre est complètement fondu, le sirop est prêt.
• Filtrez le sirop à travers une passoire fine.
• Versez le sirop dans un bocal propre et stérilisé, fermez, puis conservez au réfrigérateur jusqu'à plusieurs mois.

Astuce

Les fruits utilisés pour la réalisation du cheong finissent confits : ils peuvent être utilisés en cuisine ou pour faire de la confiture. Si avec d'autres plantes le sirop a du mal à se former, vous pouvez déposer le bocal fermé dans un fond d'eau chaude pour aider le sucre à fondre.

« MIEL » DE SAPIN

Ce « miel » de sapin ne demande pas de travail aux abeilles : il est fait maison avec du sucre et du jus de pomme. Pour lui donner un bon petit goût d'hiver et de forêt, je l'ai aromatisé avec du sapin : je vous conseille l'utilisation de l'épicéa ou d'un sapin au goût bien prononcé d'agrumes, comme le sapin de Douglas. Pour savoir si votre sapin a du goût, frottez les aiguilles : elles doivent sentir bon. Méfiez-vous de l'if qui ressemble au sapin, mais qui n'a pas d'odeur.

Pour environ 200 ml

Ingrédients

- **250 ml de jus de pomme pur jus**
- **250 ml d'eau**
- **20 g d'aiguilles de sapin (avec un peu d'écorce)**
- **200 g de sucre blanc en poudre**

Matériel

- **1 bocal en verre de 250 ml et son couvercle, stérilisés**

Instructions

- Après avoir récolté et rincé le sapin, déposez les aiguilles avec un peu d'écorce dans une casserole et recouvrez du jus de pomme et de l'eau.
- Chauffez à feu très doux et laissez frémir 10 minutes. Sortez du feu, et laissez infuser le sapin minimum 2 heures, ou mieux, toute la nuit.
- Quand le liquide a un bon goût de sapin, filtrez puis versez à nouveau le jus de pomme mélangé à l'eau dans la casserole, avec le sucre. Chauffez à petit feu.
- Laissez frémir en mélangeant de temps en temps environ 30 minutes, ou jusqu'à obtenir entre 200 et 250 ml de liquide : pour un « miel » épais, réduisez jusqu'à 200 ml, et pour un « miel » un peu plus liquide, réduisez jusqu'à 250 ml.
- Une fois la bonne quantité obtenue, sortez le « miel » du feu et laissez tiédir quelques minutes avant de verser dans un bocal stérilisé. Fermez et laissez refroidir toute la nuit au réfrigérateur.
- Conservez au réfrigérateur. Ce « miel » peut se garder au frais plusieurs mois.

Astuce

Le lendemain, si jamais la texture n'est pas à votre goût, vous pouvez toujours modifier votre « miel » : soit en le faisant chauffer légèrement au bain-marie puis en y mélangeant 1 à 2 c. à soupe d'eau bouillante pour le rendre plus liquide, soit en le faisant frémir quelques minutes de plus dans une casserole pour l'épaissir.

GELÉE D'ARBOUSE

Les arbousiers sont légion dans le sud de la France. Je les ai découverts toute petite, car un de ces arbres poussait au bord du terrain de sport de l'école. Ils sont communs dans les campagnes, mais leurs fruits sont peu consommés. Ils sont recouverts de petits grains durs qui peuvent déplaire à certains palais. Pourtant, ils sont sucrés une fois mûrs et ont l'avantage d'être riches en vitamine C – ils font donc une excellente gelée.

Pour environ 800 ml

Ingrédients

- **800 g d'arbouses bien mûres**
- **De l'eau**
- **Du sucre à confiture**

Matériel

- **2 pots en verre de 400 ml et leurs couvercles, stérilisés**

Instructions

- Rincez les arbouses puis placez-les dans une casserole.
- Couvrez à peine d'eau (j'ai utilisé 400 g d'eau pour recouvrir 800 g d'arbouses) et portez à ébullition.
- Laissez cuire pendant 15 minutes, puis sortez du feu et laissez refroidir.
- Filtrez le tout en versant le contenu de la casserole dans un sac à lait végétal (ou une toile en étamine) puis en pressant bien pour en extraire le plus de jus possible.
- Pesez le jus obtenu pour déterminer la quantité de sucre à ajouter. J'ajoute 80 % du poids du jus en sucre à confiture, je calcule donc :

Poids du jus obtenu x 0,8 = poids du sucre à confiture à utiliser

J'ai obtenu environ 600 g de jus d'arbouse. J'ai donc utilisé 480 g de sucre à confiture pour ma recette (600 x 0,8 = 480).

- Une fois la quantité de sucre déterminée, versez le sucre et le jus d'arbouse dans une casserole propre. Chauffez à feu moyen en mélangeant régulièrement.
- Quand le liquide frémit, ajustez le feu et laissez cuire 10 minutes. Écumez si de la mousse se forme en surface.
- Quand les 10 minutes sont passées, versez la gelée encore chaude dans les pots jusqu'à 2 cm du bord. Fermez (sans retourner les pots !) et conservez au réfrigérateur. Consommez dans les 3 mois.

arbouse

« MIEL » DE FLEURS

Comme le « miel » de sapin, ce « miel » de fleurs et en fait un sirop épais fait de jus de pomme et de fleurs sauvages. Il a un goût léger et fleuri qui s'accorde non seulement aux cocktails, mais aussi à toutes les boissons chaudes. Il est à réaliser avec les fleurs que vous avez sous la main.

Pour environ 200 ml

Ingrédients

- **250 ml de jus de pomme pur jus**
- **250 ml d'eau**
- **2 poignées de fleurs sauvages mélangées, sans aucune partie verte**
- **200 g de sucre blanc en poudre**

Matériel

- **1 bocal de 250 ml et son couvercle, stérilisés**

Instructions

- Commencez par récolter et rincer les fleurs sauvages, puis retirez toutes les parties vertes. J'ai choisi des pissenlits, du lilas et des fleurs de romarin, mais vous pouvez aussi utiliser des fleurs de glycine, de sureau, des pétales de rose...
- Déposez les fleurs dans une petite casserole avec le jus de pomme et l'eau, et portez à ébullition.
- Laissez frémir doucement pendant 10 minutes, retirez du feu, couvrez, et laissez infuser au moins 2 heures, ou mieux, toute la nuit.
- Filtrez ensuite votre infusion et reversez le liquide dans la casserole. Ajoutez le sucre blanc, mélangez bien, et faites chauffer à nouveau à petit feu.
- Laissez frémir en mélangeant de temps en temps environ 30 minutes, ou jusqu'à obtenir entre 200 ml (pour un « miel » épais) et 250 ml (pour un « miel » plus liquide) de « miel ».
- Une fois la bonne quantité obtenue, retirez le « miel » du feu et laissez tiédir quelques minutes avant de verser dans le bocal. Fermez et laissez refroidir toute la nuit au réfrigérateur.
- Conservez au réfrigérateur. Ce « miel » peut se garder au frais plusieurs mois.

SUCRE DE FLEURS

C'est un merveilleux moyen de décorer les verres ou de faire un sirop express : le sucre de fleurs est simple à faire et se conserve longtemps. Jouer avec différentes fleurs et saveurs vous permettra d'obtenir des sucres de différentes couleurs tous plus esthétiques les uns que les autres.

Pour environ 100 g

Ingrédients

- **Un volume de 50 ml de pétales de fleurs (violettes, roses, lilas, fleurs de Judée, fleurs de cerisier du Japon, coquelicots, roses trémières, glycine, forsythia...)**
- **100 g de sucre blanc en poudre**

Matériel

- **1 pot de 150 ml et son couvercle**

Instructions

- Dans un petit mixeur, mixez ensemble les pétales de fleurs et le sucre jusqu'à obtenir un sucre coloré, sans plus aucun morceau de pétales.
- Préparez une plaque à four en la recouvrant de papier cuisson. Étalez-y le sucre.
- Laissez la plaque recouverte de sucre dans un four fermé et éteint (ou dans un endroit bien sec) pendant 24 à 48 heures, ou jusqu'à ce que le sucre soit bien séché.
- Quand c'est le cas, mixez à nouveau le sucre ou écrasez-le à la fourchette pour briser les gros morceaux.
- Transvasez dans un pot propre et sec, fermez hermétiquement, et conservez dans un placard. Avec certaines fleurs, comme la violette, la couleur deviendra plus pâle avec le temps ; d'autres, au contraire, garderont leurs belles nuances, comme le sucre de forsythia.

Astuce

Pour faire un sirop express, il vous suffit de mélanger 1 c. à soupe de votre sucre avec 1 c. à soupe d'eau tiède. Filtrez si vous le désirez avant d'utiliser dans vos cocktails.
Si votre sucre a perdu de sa couleur ou que vous n'en avez plus l'utilité, vous pouvez l'utiliser comme du sucre en poudre classique dans vos recettes de pâtisserie.

PICKLES POUR COCKTAILS

Ils sont classiques, étonnants, et ne sont pourtant pas au goût de tout le monde : les pickles sont des garnitures de cocktail qui plairont aux palais les plus aventureux. On les retrouve notamment dans une petite sélection de cocktails qui ont été popularisés sur les grands écrans, comme le fameux Martini accompagné d'une olive – mais, à la place de l'olive, on peut aussi trouver un cornichon, un petit oignon blanc, ou même une tranche de piment. Salés et vinaigrés, les pickles sont parfaits pour accompagner des cocktails secs (dont la recette ne contient pas de sirop ou de sucre ajouté).

Les pickles sont très faciles à faire maison, et la nature regorge de plantes qui peuvent être préparées au vinaigre. Parmi elles, on trouve : les fleurs de magnolia, les boutons d'ail des ours, les boutons de pissenlit, les bulbes d'ail sauvage, les fruits encore verts du sureau, les jeunes pousses d'épicéa, les racines de carotte sauvage, les fruits du tilleul… Qu'importe votre choix, la recette sera la même.

Pour 1 petit pot

❧ Ingrédients

- **1 poignée de plantes de votre choix**
- **80 ml de vinaigre (blanc ou de cidre)**
- **20 ml d'eau**
- **5 g de sucre en poudre blanc**
- **1 grosse pincée de sel**

❧ Matériel

- **1 petit bocal de 150 ml et son couvercle, stérilisés**

❧ Instructions

- Récoltez les plantes de votre choix et rincez-les bien sous l'eau.
- Déposez-les dans le bocal. Si vous le souhaitez, vous pouvez ajouter des assaisonnements directement dans le bocal, comme du poivre noir, une feuille de laurier, une branche de thym…
- Dans une petite casserole, versez le vinaigre, l'eau, le sucre et le sel. Faites chauffer à feu moyen en mélangeant pour que le sucre fonde.
- Quand le liquide commence à bouillir, retirez la casserole du feu et versez tout de suite dans le bocal, par-dessus les plantes. Assurez-vous que tout est immergé dans le liquide ; si ce n'est pas le cas, vous pouvez ajouter un peu de vinaigre.
- Laissez tiédir avant de fermer, puis laissez macérer 24 heures minimum au réfrigérateur avant de consommer.

❧ Astuce

Vos pickles peuvent ensuite être mangés tels quels, glissés sur un pic à cocktail, ou déposés directement dans le verre. Pour ma part, j'aime les utiliser pour garnir une Margarita sans sirop, car je trouve que la tequila se prête particulièrement bien aux goûts salés.

FRUITS CONSERVÉS DANS L'ALCOOL

L'histoire des cocktails ne peut se raconter sans les nombreux fruits qui entrent dans leur composition, que ce soit pour aromatiser un alcool, donner du goût à un cocktail ou décorer un verre. Frais, entiers, en zestes, en sirop, découpés, confits – les fruits peuvent prendre de nombreuses formes pour garnir vos cocktails. En cherchant le meilleur moyen de conserver les fruits pour pouvoir les utiliser en garniture, j'ai d'abord pensé aux fruits confits, puis aux fruits au sirop. Mais une méthode de conservation m'a plus séduite que les autres : les fruits conservés dans l'alcool. Les avantages de la conservation dans l'alcool sont nombreux : premièrement, les fruits peuvent se garder très longtemps de cette manière, plusieurs années si on les sélectionne attentivement. Deuxièmement, contrairement aux fruits au sirop ou confits, les fruits conservés dans l'alcool gardent leur forme et leur couleur plus longtemps. Enfin, ils permettent de créer une petite quantité d'alçool aromatisé aux fruits de votre choix, que vous n'aurez plus qu'à intégrer à un cocktail lorsque vous aurez consommé tous les fruits. Cette méthode de conservation peut se faire avec la grande majorité des alcools à plus de 35 %. Vous pouvez donc utiliser un alcool neutre comme la vodka, mais aussi d'autres spiritueux comme du gin, du whisky, de la Chartreuse, du cognac, ou même une liqueur tant qu'elle présente un degré approprié. De cette manière, vous pouvez varier les goûts et créer une garniture qui est non seulement comestible, mais qui a un réel intérêt gustatif. La grande majorité des fruits peut être utilisée, dont : prunes, mûres, fraises des bois, myrtilles, cassis, figues, amélanches, cornouilles, nèfles, abricots, cerises, poires, prunelles, pêches, agrumes, mulberries, raisin, physalis, noix diverses... Si vous voulez pouvoir les utiliser en garniture, assurez-vous d'utiliser des fruits fermes, qui pourront garder leur forme aussi longtemps que possible. Pour faire des fruits conservés dans l'alcool, la méthode est extrêmement simple.

INSTRUCTIONS

- Cueillez les fruits et rincez-les bien à l'eau. Laissez de côté tous les fruits qui présentent des défauts et sélectionnez les plus beaux fruits, mûrs et fermes. Retirez les tiges et laissez-les sécher à l'air libre.
- Préparez ensuite les fruits selon vos envies : vous pouvez les dénoyauter (ou non), les couper en tranches, les découper avec un emporte-pièce s'ils sont très fermes (les pommes par exemple), ou simplement les utiliser en entier.
- Déposez les fruits dans un bocal propre et stérilisé, puis recouvrez de l'alcool de votre choix.
- Fermez le bocal et conservez dans un endroit sec, à l'abri de la lumière. Par prudence, vérifiez toujours que les fruits ne présentent pas de trace de moisissure avant de les consommer.
- Il ne reste plus ensuite qu'à les glisser sur un pic à cocktail, sur le bord d'un verre, ou directement dans la boisson.

FLEURS SAUVAGES FRAÎCHES OU GLACÉES

C'est l'un des moyens les plus simples et efficaces pour décorer un cocktail : les fleurs sauvages comestibles sont partout autour de nous, et à toutes les saisons. Grandes ou petites, elles peuvent s'utiliser entières, en partie (en prélevant un pétale par exemple) ou même encore accrochées à leur branche. On peut choisir les fleurs de décoration pour suggérer les saveurs ou relever les couleurs déjà présentes dans le cocktail, ou simplement pour l'esthétisme. L'important est de choisir des fleurs de saison, qui poussent près de chez soi, et qui sont bien sûr comestibles. C'est aussi l'occasion de mettre à l'honneur des fleurs qui sont comestibles mais qui n'ont pas de réel intérêt gustatif, comme les pâquerettes, les pensées, les mauves, la bourrache... Pour décorer les cocktails, on peut les utiliser fraîches, que ce soit seules ou accompagnées d'autres éléments. Mais on peut également les conserver dans de la glace pour avoir des glaçons décoratifs directement dans son cocktail. Pour les confectionner, il suffit de verser un fond d'eau dans le bac à glaçons, et d'y glisser les fleurs de son choix avant de mettre le tout au congélateur. Mettre un fond d'eau avant de remplir entièrement le bac permet à la fleur d'être emprisonnée dans la glace au lieu de flotter à la surface. Lorsque le fond d'eau a glacé et que les fleurs ne peuvent plus flotter, on peut ensuite finir de remplir le bac à glaçons d'eau et le conserver au congélateur jusqu'à ce que l'eau ait gelé et qu'on ait besoin d'utiliser les glaçons fleuris. On peut aussi utiliser des feuilles comestibles, comme celles des plantes aromatiques.

Voici quelques suggestions de fleurs, sauvages et moins sauvages, classées par couleur :

- **BLANC :** trèfle blanc, pâquerette, sureau, robinier faux-acacia, lamier blanc, compagnon blanc, fleurs de yucca, fleurs de prunier, fleurs d'aubépine...
- **ROSE :** trèfle des prés, fleurs de Judée, salicaire, fleurs de bégonia, mauve, cosmos, fleurs d'églantier...
- **ROUGE :** coquelicot, capucine, fuchsia, bégonia, hibiscus, rose, monarde comestible...
- **ORANGE :** œillet, souci, pavot de Californie...
- **JAUNE :** primevère, millepertuis perforé, pissenlit, fleurs de tanaisie, fleurs de tilleul, mimosa, fenouil sauvage...
- **BLEU :** chicorée, nigelle, véronique, bleuet, bourrache...
- **VIOLET :** glycine, violette, lilas, centaurée, lavande, muflier, amarante, rose trémière, aphyllante de Montpellier, althéa...

2

Liqueurs, jus et infusions

MIXOLOGIE SAUVAGE

LIMONCELLO

Le limoncello est une délicieuse liqueur de citron. Bien qu'on recommande l'utilisation de citrons Meyer pour sa confection, des citrons jaunes conventionnels, bio et non traités feront aussi l'affaire. Une fois prête, la liqueur se conserve au froid et on recommande de la consommer sous moins d'un an ; avec le temps, le limoncello va perdre son arôme de citron et ne plus avoir le goût typique qui le caractérise.

POUR ENVIRON 1 L

INGRÉDIENTS

- **8 gros citrons jaunes bio**
- **70 cl d'alcool à liqueur ou vodka à 40 %**
- **180 g de sucre blanc en poudre**
- **120 ml d'eau**

MATÉRIEL

- **1 bocal de 1 l et son couvercle pour la macération**
- **1 bouteille en verre de 1 l et son bouchon pour la conservation, stérilisés**

INSTRUCTIONS

- Rincez bien les citrons, frottez-les avec une brosse sous l'eau et essuyez-les avec un torchon.
- Prélevez le zeste des citrons, sans conserver un seul morceau d'albédo (le blanc du citron) qui rendrait votre limoncello amer. Pour cela, plutôt qu'utiliser un zesteur, munissez-vous d'un couteau très aiguisé et de votre patience pour peler le zeste des citrons. Découpez tout doucement et retirez si besoin l'albédo des morceaux de zeste.
- Dans un bocal d'au moins 1 l, disposez les zestes et recouvrez de tout l'alcool. Fermez hermétiquement et laissez infuser au moins 3 semaines en secouant le bocal quotidiennement.
- Quand le zeste a bien infusé dans l'alcool, filtrez le mélange. Réservez.
- Dans une casserole, mélangez le sucre et l'eau. Chauffez à feu doux et en mélangeant, puis retirez du feu dès que le sucre a fondu. Laissez complètement refroidir.
- Quand le sirop est froid, mélangez-le à l'alcool.
- Versez dans une bouteille en verre (ou plusieurs), fermez, puis conservez au réfrigérateur (jusqu'à 3 mois) ou au congélateur (jusqu'à 1 an).

LIMONCELLO
Recette maison
janvier
2023

Liqueur
de
noisettes
Noisettes torréfiées au four
Boissons et desserts
janv. 2023

LIQUEUR DE NOISETTES

Il n'y a pas de meilleur moyen de profiter de la saison des noisettes que d'en faire de la liqueur ! Cette liqueur au goût prononcé de noisettes torréfiées est une délicieuse addition à tous les cocktails à base de lait ou de café, mais elle fera aussi son effet dans un simple chocolat chaud.

Pour environ 700 ml

Ingrédients

- **200 g de noisettes**
- **50 cl d'alcool à liqueur ou de vodka à 40 %**
- **150 g de sucre blanc ou roux en poudre**
- **150 ml d'eau**

Matériel

- **1 bocal de 1 l et son couvercle pour la macération**
- **1 bouteille en verre d'au moins 1 l et son bouchon pour la conservation, stérilisés**

Instructions

- Déposez les noisettes sur une plaque à four et enfournez-les dans un four préchauffé à 180 °C pendant 12 à 15 minutes, ou jusqu'à ce qu'elles soient torréfiées sans être brûlées.
- Sortez-les du four et laissez refroidir. Quand elles sont assez froides pour être manipulées, frottez les noisettes entre vos mains pour enlever la plus grosse partie des peaux (ce n'est pas grave s'il en reste).
- Concassez-les très grossièrement.
- Versez les noisettes et l'alcool dans un bocal de 1 l, fermez et secouez.
- Placez le bocal dans un endroit sec et à l'abri de la lumière du soleil. Laissez macérer au minimum 2 mois en secouant le bocal une fois par jour.
- Au bout de 2 mois, filtrez votre alcool, d'abord à travers une passoire fine puis à travers une étamine pour enlever les plus petits résidus. Réservez.
- Dans une casserole, préparez le sirop en mélangeant l'eau et le sucre et faites chauffer sur le feu jusqu'à ce que le liquide bout et que le sucre soit fondu. Laissez frémir 5 minutes et laissez refroidir complètement.
- Mélangez ce sirop refroidi à votre alcool filtré.
- Versez le tout dans une bouteille d'au moins 1 l et fermez.
- Si vous le pouvez, laissez cet alcool vieillir encore plusieurs mois (jusqu'à 1 an) avant de le déguster.

Astuce

Réutilisez les noisettes qui ont servi à la macération ! Mixez-les et ajoutez du sucre pour faire une crème, ou incorporez-les dans un gâteau. Vous pouvez les congeler pour les utiliser plus tard.

LIQUEUR D'AMANDES VERTES

C'est la cousine moins connue de la liqueur de noix vertes : la liqueur d'amandes vertes se fait avec de jeunes amandes douces fraîches que l'on récolte au printemps. Les amandiers à privilégier ne sont pas les amandiers sauvages, mais plutôt ceux plantés aux abords de champs abandonnés ou dans les villages, reconnaissables en hiver lorsqu'ils se couvrent de fleurs blanches ou roses. Ces amandiers produisent des amandes douces, mais il convient avant de faire cette liqueur de le vérifier, en attendant l'automne pour ramasser les amandes sèches et les goûter… Si l'amande n'est pas une amande amère (toxique à haute dose), alors vous pourrez les récolter l'année suivante pour préparer cette liqueur.

Pour environ 900 ml

Ingrédients

- **500 g d'amandes douces vertes**
- **250 g de sucre blanc ou roux en poudre**
- **½ citron jaune ou vert, bio et non traité, coupé en tranches**
- **Facultatif : 1 bâton de cannelle, ¼ de gousse de vanille et/ou 1 pincée de tonka**
- **70 cl d'alcool à liqueur ou vodka à 40 %**

Matériel

- **1 bocal de 1,5 l et son couvercle pour la macération**
- **1 bouteille de 1 l et son bouchon pour la conservation, stérilisés**

Instructions

- Récoltez les amandes vertes : choisissez de belles amandes charnues, qui ne sont pas tombées au sol et qui ne présentent pas de signes de parasite.
- Déposez les amandes dans un grand saladier et couvrez d'eau : frottez bien chaque amande dans l'eau, puis essuyez-les avec un torchon propre et laissez sécher.
- Retirez ensuite tout morceau de tige ou endroit abîmé, puis coupez les amandes en quatre. Le fruit vert de l'amande a une saveur qui rappelle la pêche encore verte, et l'intérieur contient son noyau, qui est l'amande classique que l'on connaît, mais qui est encore blanche et gélatineuse.
- Versez le sucre en poudre dans le bocal de 1,5 l puis ajoutez par-dessus les amandes découpées, les tranches de citron, et les épices facultatives (cannelle, vanille…).
- Ajoutez l'alcool puis mélangez vigoureusement avec une cuillère propre pour commencer à faire fondre le sucre.

• Pour éviter que les amandes ne s'oxydent, déposez par-dessus un poids afin qu'elles restent immergées dans l'alcool (un couvercle en verre, une petite assiette...). L'oxydation n'a pas d'impact sur le goût, mais rend la couleur de la liqueur plus sombre.
• Fermez le bocal, puis laissez macérer entre 2 semaines et 1 mois, en secouant une fois par jour. Après quelques jours, retirez les tranches de citron si vous ne voulez pas que leur saveur prenne le dessus.
• Lorsque la liqueur a bon goût, filtrez à travers une passoire fine. Laissez les amandes égoutter un moment pour extraire le plus de liquide possible.
• Versez dans la bouteille stérilisée et fermez. Si vous le pouvez, réservez dans un placard à l'abri de la lumière pendant quelques mois avant de déguster.

Astuce

Vous pouvez faire la même recette en remplaçant les amandes par des noix vertes pour obtenir la fameuse liqueur de noix vertes, qu'on appelle aussi « nocino ».

Liqueur de fleurs de
SUREAU
produite en France
qualité maison

LIQUEUR DE FLEURS DE SUREAU

Le sureau est un merveilleux arbuste aux allures d'arbre qui offre des fleurs parfumées au printemps, et des baies presque noires à la fin de l'été. Bien qu'il ne faille pas confondre le sureau noir avec le sureau yèble, ces deux espèces sont faciles à distinguer : le sureau noir fait des fruits qui pendent vers le sol, et la moelle de ses branches est blanche. Ses fleurs en corymbes, dont le parfum rappelle au choix le litchi ou le mariage pêche-abricot, sont excellentes en cuisine comme en boisson.

Pour environ 1 l

Ingrédients

- **70 cl d'alcool à liqueur ou vodka à 40 %**
- **10 belles corymbes de sureau noir**
- **200 g de sucre blanc ou blond en poudre**
- **100 g d'eau**

Matériel

- **1 bocal de 800 ml et son couvercle pour la macération**
- **1 bouteille de 1 l et son bouchon pour la conservation, stérilisés**

Instructions

- Cueillez les fleurs de sureau le jour où vous désirez préparer votre liqueur.
- Une fois chez vous, séparez les petites fleurs des tiges : il faut retirer le maximum de tiges vertes pour éviter qu'elles apportent de l'amertume à la liqueur.
- Déposez toutes les petites fleurs obtenues dans le bocal, puis couvrez avec l'alcool. Mélangez bien.
- Si vous le souhaitez, vous pouvez déposer un poids dans le bocal pour maintenir les fleurs immergées dans l'alcool afin d'éviter l'oxydation. L'oxydation n'a pas d'impact sur le goût, mais elle donnera à la liqueur une couleur cognac, au lieu d'une couleur jaune foncé. Personnellement, j'aime les deux couleurs.
- Laissez macérer entre 2 semaines et 1 mois, ou jusqu'à ce que l'alcool ait bon goût. L'odeur sera très forte, mais le goût beaucoup plus subtil.
- Filtrez à travers une passoire fine, en pressant bien les fleurs de sureau pour en extraire le maximum de liquide. Réservez.
- Dans un récipient à part, versez le sucre en poudre et l'eau. Mélangez jusqu'à ce que le sucre soit complètement dissout.
- Versez le sirop obtenu par-dessus l'alcool filtré, puis mélangez bien avant de transvaser dans une bouteille et de fermer.
- Conservez dans un placard à l'abri de la lumière.

LIQUEUR DE FRUITS DES BOIS

En été, les fruits des bois sont de sortie ! Les personnes les plus chanceuses, selon la zone géographique dans laquelle elles se trouvent, pourront trouver des myrtilles, des framboises ou même des fraises des bois. Mais si ce n'est pas votre cas, vous pourrez toujours profiter des mûres qu'on trouve partout en France, pour faire cette liqueur maison.

Pour environ 1,2 l

Ingrédients

- **400 g de fruits des bois (mélangés ou non)**
- **700 ml d'alcool à liqueur ou de vodka à 40 %**
- **200 g de sucre blanc en poudre**

Matériel

- **1 bocal en verre de 1,5 l et son couvercle pour la macération**
- **Des bouteilles en verre et leurs bouchons pour la conservation, stérilisés**

Instructions

- Rincez bien les fruits après récolte et retirez les tiges. Si vous faites différentes récoltes, vous pouvez tout à fait congeler les fruits jusqu'à obtenir 400 g de baies.
- Déposez-les dans le bocal en verre de 1,5 l et écrasez-les grossièrement à l'aide d'un pilon.
- Couvrez avec la vodka, mélangez bien, fermez le bocal, et laissez macérer au moins 1 mois dans un endroit sec à l'abri de la lumière du soleil. Mélangez de temps en temps.
- Au bout d'au minimum 1 mois, vous pouvez filtrer le mélange. Au-dessus d'un saladier, déposez une passoire fine et versez-y le contenu du bocal. Écrasez bien les fruits rouges à l'aide d'une cuillère à soupe pour en extraire tout le jus.
- Mesurez le liquide obtenu : pour ma part, je n'avais plus 700 ml de liquide mais environ 1 l avec le jus des fruits rouges qui s'est rajouté à l'alcool. Si c'est votre cas également, vous pouvez rajouter le sucre en poudre directement dans votre saladier avec votre alcool pour l'y mélanger jusqu'à dissolution : j'ai obtenu 1,2 l de liqueur. Sinon, vous pouvez réaliser un sirop en faisant fondre le sucre dans de l'eau pour obtenir le volume et le degré désiré pour votre liqueur.
- Versez la liqueur dans des bouteilles, fermez, et laissez vieillir 1 mois avant de déguster.

Astuce

Pour un petit goût en plus, ajoutez de la vanille ou des agrumes avant macération.

Délicieuse liqueur aux
FRUITS DES BOIS
Inspirée par les saisons
et créée à partir de fruits
entiers cueillis à la main

GIN
laurier
menthe
sapin
sauge
genièvre
oxalis

GIN AUX PLANTES SAUVAGES

On connaît la vodka vanille, infusée avec des gousses fraîches, ou les rhums arrangés dans lesquels macèrent fruits et épices ; je vous propose de vous en inspirer pour faire un gin aux plantes sauvages, que vous pouvez arranger selon vos goûts. N'hésitez pas à faire votre propre mélange en faisant par exemple un gin aux fleurs, aux épices, ou aux fruits sauvages.

Pour 350 ml

❧ Ingrédients

- **350 ml de gin**
- **10 baies de genévrier**
- **2 feuilles de sauge sèches**
- **1 feuille de laurier fraîche**
- **1 poignée d'oxalis**
- **1 petite branche fraîche de sapin ou d'épicéa**
- **2 brins de menthe sèche**

❧ Matériel

- **1 bocal en verre de 500 ml et son couvercle pour la macération**
- **1 bouteille d'environ 350 ml et son couvercle pour la conservation, stérilisés**

❧ Instructions

- Dans le bocal, versez tous les ingrédients.
- Mélangez, et laissez macérer environ 1 semaine. Secouez le bocal et goûtez régulièrement : n'hésitez pas à prolonger la macération, ou à enlever seulement certains ingrédients si vous pensez qu'ils prennent le dessus sur les autres arômes.
- Quand le goût vous convient, filtrez et transvasez dans une bouteille.
- Fermez et conservez avec le reste de vos alcools, à température ambiante.

❧ Astuce

Contrairement aux bitters, dont on n'utilise que quelques gouttes, vous pouvez utiliser ce gin infusé comme n'importe quel autre gin dans une boisson : son côté infusé donnera de la personnalité au plus simple des cocktails.

SLOE GIN
GIN INFUSÉ AUX PRUNELLES

Les prunelles sont les fruits du prunellier sauvage. On le trouve un peu partout dans les campagnes françaises : il est reconnaissable au printemps lorsqu'il est couvert de fleurs, et à l'automne lorsqu'il est rempli de fruits violet-bleu. Ces prunelles sont comestibles, mais extrêmement astringentes ; on les utilise donc plutôt pour aromatiser les alcools. On peut les récolter après les premières gelées, mais je préfère les récolter bien mûres et fermes fin octobre ou début novembre et les congeler avant utilisation. Attention lors de la cueillette : les branches de cet arbuste sont parsemées d'épines. C'est ce qui a donné au prunellier le surnom d'épine noire.

Pour environ 800 ml

Ingrédients

- **400 g de prunelles**
- **700 ml de gin**
- **180 g de sucre blanc en poudre**

Matériel

- **1 bocal de 1,5 l et son couvercle pour la macération**
- **1 bouteille de 1 l et son bouchon pour la conservation, stérilisés**

Instructions

- Après avoir récolté et bien rincé les prunelles, séchez-les à l'aide d'un torchon, déposez-les dans une boîte hermétique, fermez et placez-les au congélateur.
- Le jour suivant, dans un bocal d'au moins 1,5 l, versez les prunelles congelées, le gin et le sucre en poudre.
- Fermez hermétiquement et secouez bien.
- Placez le bocal dans un endroit sec et à l'abri de la lumière du soleil. Laissez macérer au minimum 1 mois en secouant le bocal une fois par jour pour mélanger les ingrédients et faire fondre le sucre.
- Au bout de 1 mois, le gin a pris une belle couleur rouge et a développé une saveur fruitée. Filtrez à travers une passoire fine en pressant bien les prunelles avec le dos d'une cuillère, puis versez dans une bouteille de 1 l.
- Pour une saveur encore plus développée, réservez la bouteille dans un placard pendant encore 6 mois avant de déguster votre sloe gin comme une liqueur.

Cueillies à la main
Sloe
GIN
Fabriqué en France

GIN ZÉRO

Les boissons qui imitent le goût des spiritueux, sans aucun alcool, se normalisent progressivement. Je vous propose de repousser les limites de la créativité en concoctant votre propre gin zéro. J'ai eu envie de vous proposer une recette aussi simple que possible. Le but : réaliser une infusion très forte qui réveille les papilles de la même manière que le fait l'alcool une fois incorporé à un cocktail. Le gin zéro est un bon candidat à la confection d'alcool zéro maison, car il a un goût prononcé d'aromatiques. Son seul désavantage ? Sa couleur ; si les alcools zéro du commerce utilisent des procédés qui rendent leur boisson aussi limpide que de l'alcool, à la maison, vous obtiendrez une boisson de la couleur d'un thé noir bien infusé. Quant au goût, j'espère que vous serez aussi surpris.es que moi. Bien que le gin zéro maison ait indubitablement un goût différent du gin alcoolisé, on y retrouve les mêmes notes végétales, avec un équilibre entre l'épicé et l'amer.

Pour environ 500 ml

❧ Ingrédients

- **12 g de baies de genévrier**
- **6 g de graines de coriandre entières**
- **2 cm de bâton de cannelle**
- **2 gousses de cardamome verte**
- **2 g de graines de fenouil**
- **2 g de gingembre frais**
- **3 grains de poivre noir**
- **5 g d'écorce de citron jaune (avec l'albédo)**
- **1 feuille de laurier fraîche**
- **600 ml d'eau**

❧ Matériel

- **1 bouteille de 500 ml et son bouchon, stérilisés**

❧ Instructions

- À l'aide d'un pilon, écrasez grossièrement les baies de genévrier, les graines de coriandre, la cannelle, la cardamome et les graines de fenouil. Hachez grossièrement le gingembre frais.
- Versez tous ces ingrédients dans une casserole, avec le reste des ingrédients : poivre noir, écorce de citron et feuille de laurier. Couvrez de 600 ml d'eau et mettez la casserole à chauffer à feu moyen. Quand le liquide bout, couvrez la casserole et baissez le feu. Laissez chauffer à petit feu pendant 30 minutes.
- Au bout de 30 minutes, retirez la casserole du feu, enlevez le couvercle et laissez refroidir.
- Quand le mélange est tiède, filtrez : d'abord à travers une passoire fine pour récupérer tous les gros morceaux, puis à travers un sac à lait végétal (ou une toile en étamine) pour obtenir une boisson aussi pure que possible.
- Versez dans la bouteille, fermez, et conservez au réfrigérateur.
- Ce gin zéro se consomme une fois froid, et se conserve environ 1 semaine au réfrigérateur. Vous pouvez également le conserver jusqu'à 2 mois en le congelant dans des bacs à glaçons pour l'utiliser quand vous en avez envie.

❧ Astuce

Vous pouvez utiliser ce gin zéro comme vous vous serviriez d'un gin normal. Comme le gin zéro est non alcoolisé, n'hésitez pas à doubler la dose pour retrouver davantage la sensation du gin.

CHARTREUSE ZÉRO

INFUSION INSPIRATION CHARTREUSE

La Chartreuse est l'une de mes premières amours : ce spiritueux à la magnifique couleur verte, concocté par les moines chartreux, a un goût et une histoire uniques. Elle est élaborée, d'après une recette tenue secrète, à partir de 130 plantes. On ne nous autorise à en connaître qu'une : la mélisse.
Cette recette d'infusion inspiration Chartreuse ne contient pas 130 plantes différentes, mais assez pour rappeler la saveur subtile et caractéristique de cet alcool. Dans cette version sans alcool, chaque ingrédient a sa fonction et son importance : je vous conseille donc ne pas en mettre un de côté, qu'il soit cueilli ou acheté. Contrairement au gin zéro, cette infusion est plus anisée, et a un goût de plantes un peu plus complexe. Elle sera parfaite pour accompagner du vin chaud, ou pour transformer en mocktails des cocktails comme le Chartreus'ito ou le Moscow mule – mais bien sûr, vous pouvez aussi laisser parler votre créativité.

Pour environ 500 ml

Ingrédients

- **3 g de graines de fenouil sauvage**
- **8 g de graines de coriandre entières**
- **2 étoiles de badiane**
- **7 petites branches d'armoise, séchées**
- **3 pistils de safran**
- **3 g de feuilles de mélisse, séchées**
- **1 brin de thym frais**
- **5 grains de poivre entiers**
- **2 g de menthe douce, séchée**
- **1 feuille de laurier fraîche**
- **1 clou de girofle**
- **3 g de zeste d'orange bio (sans l'albédo)**
- **15 g de sucre de canne complet**
- **500 ml d'eau à température ambiante**

Matériel

- **1 bocal de 700 ml et son couvercle pour la macération**
- **1 bouteille de 500 ml et son bouchon pour la conservation, stérilisés**

❧ Instructions

- À l'aide d'un pilon, écrasez grossièrement les graines de fenouil et les graines de coriandre.
- Versez-les dans le bocal, suivis de tous les autres ingrédients. Mélangez bien pour faire fondre le sucre.
- Fermez avec le couvercle puis laissez le tout infuser minimum 24 h au réfrigérateur. Au bout de 24 heures, goûtez : vous pouvez laisser infuser plus longtemps si le goût n'est pas assez fort.
- Lorsque le goût vous convient, filtrez le tout à travers une passoire fine au-dessus d'un saladier. Pressez bien les ingrédients pour en retirer le plus de liquide. Filtrez le liquide obtenu à nouveau, dans un sac à lait végétal (ou une toile en étamine) pour retirer tous les petits débris restants.
- Versez le tout dans la bouteille et conservez au réfrigérateur. Consommez dans les 7 jours qui suivent. Vous pouvez également en congeler des portions pour utiliser plus tard.

JUS DE CYNORHODON

L'églantine, ou le cynorhodon, est le faux-fruit de l'églantier. L'églantier se recouvre de faux-fruits rouges à l'automne qui se ramassent jusqu'en hiver. Ceux-ci sont remplis de poils à gratter, ce qui leur a valu le surnom de « gratte-cul » – c'est pourquoi il est plus sage de les vider avant usage. Cette étape est assez longue et méticuleuse, et beaucoup de personnes préfèrent utiliser le fruit entier avant de le passer, après cuisson à l'eau, à travers une passoire très fine… Je ne suis pas de cette école.

Pour 500 ml

Ingrédients

- **100 g de cynorhodons récoltés fermes**
- **De l'eau**
- **20 g de sucre blanc en poudre**
- **1 filet de jus de citron jaune**

Matériel

- **1 bouteille en verre et son bouchon de 500 ml, stérilisés**

Instructions

- Coupez les deux extrémités des cynorhodons et videz les graines et les poils qui s'y trouvent à l'intérieur à l'aide d'une cuillère pointue. Je trouve cette étape plus simple à faire après avoir trempé les moitiés de cynorhodons dans un saladier d'eau.
- Une fois tous les cynorhodons évidés, placez-les dans une casserole et couvrez d'un bon verre d'eau.
- Portez à ébullition et laissez cuire 10 minutes, puis retirez du feu et laissez refroidir.
- Versez les cynorhodons avec leur eau de cuisson dans un blender ; rajoutez un peu d'eau si besoin et mixez à forte vitesse.
- Filtrez au-dessus d'un saladier à travers une passoire très fine.
- Transvasez les résidus de peau et de pulpe dans le mixeur, rajoutez un verre d'eau et mixez à nouveau pour obtenir un maximum de jus.
- Filtrez à nouveau au-dessus de votre saladier à travers une passoire fine. Écumez la mousse qui se crée en surface.
- Mesurez le volume de liquide que vous avez obtenu, et rajoutez de l'eau jusqu'à avoir 500 ml de jus.
- Finissez en y mélangeant le sucre et le jus de citron.
- Versez dans une bouteille, fermez, et conservez jusqu'à 5 jours au réfrigérateur. Vous pouvez aussi congeler en petites doses pour de futurs usages.

NECTAR DE NÈFLE

Pour concocter ce nectar, on n'utilisera pas le fruit du néflier commun, qui se consomme blet à l'automne, mais celui du néflier du Japon : ses nèfles charnues et oranges sont aussi méconnues que délicieuses. Les néfliers du Japon poussent dans toute la partie sud de la France, souvent échappés des jardins, et leurs fruits sont rarement récoltés. Si vous n'avez pas le plaisir d'en voir, les nèfles se trouvent parfois en grandes surfaces vers le mois de mai – mais ce nectar peut aussi être préparé avec des abricots ou des pêches.

Pour environ 600 ml

Ingrédients

- **500 g de nèfles du Japon**
- **500 g d'eau**
- **1 trait de jus de citron jaune**
- **Du sucre blanc ou roux en poudre**

Matériel

- **1 bouteille de 600 ml et son bouchon, stérilisés**

Instructions

- Rincez les nèfles à l'eau puis préparez-les : coupez-les en deux, enlevez la peau autant que possible, ainsi que les noyaux et la pellicule qui les entoure. Retirez également les morceaux abîmés. Vous devez obtenir à la fin 500 g de chair.
- Déposez le tout dans une casserole, couvrez avec l'eau et ajoutez le jus de citron.
- Faites chauffer à feu moyen. À partir de l'ébullition, comptez environ 15 minutes de cuisson à petits bouillons.
- Au bout de 15 minutes, les fruits sont bien mous : retirez du feu et laissez tiédir.
- Mixez le tout (les nèfles ainsi que l'eau de cuisson), dans un blender ou à l'aide d'un mixeur plongeant.
- Filtrez à travers une passoire fine ou un sac à lait végétal jusqu'à obtenir le plus de liquide possible.
- Sucrez : pour ma part, je rajoute 10 g de sucre en poudre, mais faites selon vos goûts. Mélangez le tout à la cuillère jusqu'à dissolution du sucre.
- Versez dans la bouteille stérilisée et consommez dans les 7 jours qui suivent. Le jus peut aussi être congelé en petites quantités pour de futurs cocktails.

Astuce

Les noyaux des nèfles peuvent être utilisés pour faire de la liqueur de nèfles. Il suffit de les laisser macérer dans un alcool fort neutre, puis de sucrer.

SUMACADE À L'HIBISCUS

On considère le sumac comme une épice exotique, souvent utilisée dans la cuisine orientale. Pourtant, il pousse partout en France : le sumac provient du vinaigrier, qui produit des fruits touffus au goût acidulé. Vous en avez probablement déjà croisé, sans savoir ce que c'était : vous pourrez maintenant en faire de la sumacade, une sorte de citronnade de sumac. Je fais la mienne en y ajoutant des fleurs d'hibiscus pour accentuer la saveur et la belle couleur rose de cette boisson.

Pour environ 500 ml

Ingrédients

- **2 fuseaux de sumac bien roses**
- **1 poignée de pétales d'hibiscus séchés**
- **600 ml d'eau**
- **Facultatif : du sucre en poudre**

Matériel

- **1 bocal de 800 ml et son couvercle pour la macération**
- **1 bouteille de 500 ml et son bouchon pour la conservation, stérilisés**

Instructions

- Si vous avez la chance d'avoir accès à des fleurs d'hibiscus fraîches, vous pouvez prélever les pétales et les faire sécher, soit au soleil, soit à très basse température au four, jusqu'à ce qu'elles soient complètement sèches. Conservez dans un bocal.
- Cueillez des fleurs de sumac fraîches : il faut que celles-ci soient bien roses ou rouges. Vérifiez sur place qu'elles sont bien acidulées, en goûtant une petite fleur touffue (ne croquez pas la graine). S'il a plu, attendez quelques jours pour que les fleurs retrouvent leur acidité. Prélevez 2 fuseaux entiers.
- Une fois chez vous, ne rincez surtout pas le sumac. Glissez les fuseaux debout dans le bocal, de manière à ce que les fleurs puissent être immergées mais que la tige dépasse de l'eau : la tige du sumac produit un latex amer.
- Ajoutez l'hibiscus séché, puis versez doucement l'eau en faisant attention à ne pas immerger le bout des tiges.
- Laissez infuser, selon vos goûts, entre 2 et 24 heures : plus la sumacade est infusée, plus elle est acidulée.
- Quand le goût vous convient, filtrez dans un saladier, par-dessus une passoire fine. Pour retirer le maximum de liquide, pressez bien les fuseaux entre vos mains. Si besoin, filtrez à nouveau à travers un sac à lait végétal (ou une toile en étamine) pour retirer tous les poils du sumac.
- Si vous le désirez, vous pouvez sucrer votre sumacade, surtout si vous voulez la boire telle quelle. Personnellement, pour l'utiliser en cocktail, je ne la sucre pas.
- Versez dans la bouteille, fermez, et conservez au réfrigérateur. Consommez dans les 7 jours, ou congelez des portions pour pouvoir les utiliser plus tard.

LES BITTERS

LE SEL ET LE POIVRE DE VOS COCKTAILS

Qu'est-ce qu'un bitter ? Vous en avez forcément entendu parler si vous vous intéressez à la mixologie. Un bitter (« amer » en français) est une préparation à base d'alcool dans lequel on a fait infuser des herbes ou des épices pour en extraire les propriétés. Si les bitters étaient à l'origine des préparations médicinales et étaient vendus en tant que digestifs, ils sont aujourd'hui utilisés pour les cocktails. Bien que leur nom sous-entende un goût amer, les bitters peuvent avoir de nombreuses saveurs. L'angostura fait partie des bitters les plus connus disponibles aujourd'hui au rayon des alcools : son parfum est un concentré d'herbes et d'épices, qui m'évoque la Chartreuse avec une pointe de cannelle. On dit que les bitters sont le sel et le poivre des cocktails, et on les classe donc souvent selon ces deux catégories :

- **Le sel** : les bitters qui approfondissent une saveur déjà présente dans le cocktail ;
- **Le poivre** : les bitters qui introduisent une nouvelle saveur.

Certains bitters peuvent faire les deux ; tous apportent de la complexité au goût d'un cocktail et jouent sur l'équilibre des saveurs. Puisqu'ils sont le sel et le poivre d'un cocktail, ils s'utilisent avec parcimonie : quelques gouttes suffisent dans un verre. Contrairement aux liqueurs, qui utilisent une grande quantité d'alcool, les bitters peuvent donc être confectionnés avec quelques millilitres d'alcool seulement, et conservés comme des mignonnettes. Comme pour les liqueurs, il faut utiliser un alcool fort pour les préparer : un alcool neutre en goût comme un alcool pour fruits ou une vodka à 40 % d'alcool fait parfaitement l'affaire, mais les bitters peuvent aussi être préparés avec du rhum, du bourbon, ou même du gin. Certaines recettes ajoutent du sucre, d'autres non, d'autres combinent les herbes ou épices avec des fruits pour profiter de la couleur et du sucre naturel qu'ils apportent. Il n'y a pas qu'une seule façon de faire des bitters maison, ce qui peut prêter à confusion ; mais c'est aussi ce qui les rend amusants et ludiques à fabriquer. Encore plus avec des plantes cueillies dans la nature ! La nature apporte de nombreuses saveurs, profondes et surprenantes, et les bitters permettent de les explorer en petites quantités. Classer les différentes saveurs qu'on peut concentrer dans un bitter serait une tâche compliquée tant la liste serait longue, mais en voici une pour vous inspirer. Les ingrédients que je propose sont, eux aussi, non exhaustifs.

Différentes saveurs de bitters et quelques ingrédients correspondants :

- **Amer** : poncire, racine de pissenlit, racine de chicorée, orange amère, peau de pamplemousse, racine de gentiane, racine d'angélique, houblon
- **Acidulé** : oxalis, citron, oseille, hibiscus, sumac
- **Fleuri** : lavande, lilas, violette, robinier faux acacia, glycine, sureau, aubépine, rose, fleur d'oranger
- **Piquant** : racine d'alliaire, poivre sauvage, piment, vergerette
- **Épicé** : cardamome, cannelle, gingembre
- **Boisé** : sapin, épicéa, pin, écorce de cerisier
- **Résineux** : romarin, baie de genévrier, myrte
- **Fruité** : prunelle, prune, cerise, mûre, framboise, fraise des bois, cynorhodon

Pour réaliser un bitter, vous pouvez utiliser un seul ingrédient de votre choix, ou faire un mélange : par exemple, cardamome et lavande, hibiscus et fraises des bois, épicéa et baies de genévrier… Tout dépend de l'utilisation que vous voulez en faire, et de vos goûts. Cependant, choisir un seul ingrédient donne l'avantage de pouvoir tester une plus grande variété de mélanges en combinant plusieurs bitters d'ingrédients différents lors de la préparation d'un cocktail. À vous de laisser parler votre créativité.

Il n'y a pas qu'une seule recette de bitter, mais voici mon procédé.

Ingrédients

- **50 ml d'alcool à 40 % (vodka pour un goût neutre, ou gin, rhum, bourbon…)**
- **L'ingrédient de votre choix (à doser avec le cœur)**
- **Un peu de sucre blanc en poudre (facultatif)**

Matériel

- **Des bocaux pour la macération**
- **Des flacons de 50 ml et leur bouchon pour la conservation, stérilisés**

Instructions

- Dans un bocal étroit, disposez l'arôme choisi et couvrez avec l'alcool.
- Laissez macérer environ 2 semaines en secouant le bocal tous les jours – vous pouvez également laisser macérer plus longtemps, ou jusqu'à ce que votre bitter ait bon goût. Si dans les jours qui suivent votre arôme ne se développe pas assez, n'hésitez pas à en rajouter.
- Quand l'alcool a bon goût, filtrez votre mélange. À ce moment-là, vous pouvez si vous le souhaitez rajouter une petite quantité de sucre à votre bitter, ce qui approfondit parfois le goût (notamment avec les saveurs fleuries ou acidulées) : dans ce cas, mélangez jusqu'à ce que le sucre soit dissous. Personnellement, je préfère garder mes bitters purs, mais le sucre peut aussi être un agent de saveur si vous choisissez d'associer un bitter avec de la vergeoise, du sucre de coco…
- Enfin, versez dans un flacon, fermez, étiquetez, et conservez dans un endroit sec à l'abri de la lumière.

3

Cocktails et mocktails

L'HERBORISTE

Ce cocktail a tout ce que j'aime : du gin, des fleurs, un petit goût sucré et du pétillant. Pour une saveur fleurie supplémentaire, j'utilise de la lavande fraîche, infusée quelques minutes dans l'alcool directement dans le shaker. Le bitter se charge quant à lui d'ajouter une touche de couleur à ce cocktail rafraîchissant.

POUR 1 VERRE

❧ INGRÉDIENTS

- **30 ml de gin aux plantes sauvages (voir recette p. 85)**
- **20 ml de liqueur de fleurs de sureau (voir recette p. 81)**
- **3 brins de lavande**
- **20 ml de jus de citron jaune**
- **15 ml de « miel » de fleurs (voir recette p. 60)**
- **Quelques gouttes de bitter de couleur rouge ou rose**
- **De la limonade ou de l'eau pétillante**
- **1 gros glaçon pour shaker + des glaçons pour le verre**
- **Pour la décoration : 1 brin de lavande (facultatif)**

❧ INSTRUCTIONS

- Dans le shaker, versez le gin aux plantes sauvages, la liqueur de fleurs de sureau et les 3 brins de lavande. Laissez infuser la lavande pendant quelques minutes.
- Préparez votre verre : décorez-le si vous le désirez en le givrant de sucre mélangé à quelques fleurs de lavande. Versez-y une poignée de glaçons.
- Ajoutez dans votre shaker le jus de citron, le « miel » de fleurs, le bitter et le gros glaçon.
- Shakez pendant une dizaine de secondes.
- Versez dans votre verre à travers une petite passoire, puis allongez avec de la limonade.
- Décorez avec un brin de lavande frais.

Prunelle

BLACKBERRY SMASH

Fruits de la ronce, les mûres se trouvent dans tout l'Hexagone. Grâce à leur goût et à leur couleur, elles se prêtent très bien aux cocktails et se marient particulièrement bien avec les saveurs boisées, comme dans ce Blackberry smash au whisky et au romarin. Pour ajouter de la personnalité et de la fantaisie à ce cocktail, vous pouvez fumer le verre avec du romarin séché.

Pour 1 verre

Ingrédients

- **5 grosses mûres sauvages**
- **1 brin de romarin frais**
- **½ citron vert coupé en morceaux**
- **15 ml de sirop de romarin (voir recette p. 47)**
- **45 ml de whisky**
- **1 gros glaçon pour shaker**
  + des glaçons ou de la glace pilée pour le verre
- **De la limonade**
- **1 brin de romarin séché pour fumer le verre (facultatif)**
- **Pour la décoration : 1 brin de romarin et 1 rondelle de citron vert (facultatif)**

Instructions

- Commencez par fumer le verre si vous le désirez : préparez un verre à whisky, une petite branche de romarin séché, et une planche en bois. Avec une allumette, enflammez le bout du brin de romarin et soufflez immédiatement pour l'éteindre. Déposez le brin fumant sur la planche en bois, puis retournez le verre à whisky par-dessus pour y enfermer la fumée. Laissez de côté sans y toucher le temps de préparer le cocktail.
- Dans le shaker, écrasez les mûres à l'aide d'un pilon.
- Ajoutez le brin de romarin frais et le ½ citron vert en morceaux et écrasez à nouveau, une dizaine de fois.
- Ajoutez ensuite le sirop de romarin, le whisky, le gros glaçon, puis fermez et shakez une dizaine de secondes.
- Récupérez le verre, retournez-le pour laisser échapper la fumée, et versez-y le cocktail en le filtrant à travers une petite passoire.
- Ajoutez des glaçons (ou de la glace pilée), puis versez de la limonade à ras bord.
- Décorez avec un brin de romarin et une rondelle de citron vert.

MARGARITA FLORALE

Un classique, avec un twist ! C'est un cocktail idéal à boire pendant les mois les plus chauds de l'année, dans le verre signature de la Margarita.

Pour 1 verre

❧ Ingrédients

- **50 ml de tequila**
- **30 ml de limoncello (voir recette p. 72)**
- **20 ml de jus de citron jaune**
- **15 ml de « miel » de fleurs (voir recette p. 60)**
- **1 gros glaçon pour shaker**
- **Pour givrer le verre : du sucre de fleurs (voir recette p. 63), 1 tranche de citron et 1 pincée de sel**

❧ Instructions

- Commencez par givrer les rebords du verre à Margarita. Dans une coupelle, mélangez le sucre de fleurs et la pincée de sel. Frottez une tranche de citron le long du rebord du verre pour l'humidifier, puis trempez-le dans la coupelle pour y faire coller le sucre.
- Dans le shaker, versez la tequila, le limoncello, le jus de citron, le « miel » de fleurs et le gros glaçon.
- Shakez une dizaine de secondes.
- Versez le tout dans le verre et décorez avec une rondelle de citron vert.

BLOODY ÉGLANTINE

Traditionnellement, le Bloody Mary est un cocktail salé à base de jus de tomates, de vodka, de sel au céleri et de divers condiments. Sans surprise, il est loin d'être au goût de tout le monde ; j'ai donc eu envie de le revisiter en version sucrée. Le jus de tomate est remplacé par du jus de cynorhodon, et le céleri qui aromatise et décore la boisson est remplacé par du fenouil sauvage au goût anisé. Les mêmes couleurs pour de plus douces saveurs.

Pour 1 verre

Ingrédients

- **120 ml de jus de cynorhodon (voir recette p. 93)**
- **60 ml de vodka**
- **Le jus de ½ citron vert (environ 15 ml)**
- **10 ml de sirop d'agrumes (voir recette p. 42)**
- **10 graines de fenouil sauvage**
- **1 gros glaçon pour shaker + des glaçons pour le verre (facultatif)**
- **Pour le givrage : du sucre blanc en poudre et des zestes de citron vert bio**
- **Pour la décoration : des pousses de fenouil sauvage et 1 long zeste de citron vert ou 1 tranche fine de citron vert (facultatif)**

Instructions

- À l'avance, givrez les bords d'un verre collins : humidifiez les bords du verre (avec une tranche de citron vert par exemple) puis trempez le bord dans une coupelle remplie de sucre. J'ai aromatisé le mien avec un peu de zeste de citron vert.
- Dans une tasse, pilez grossièrement les graines de fenouil.
- Dans le shaker, versez le jus de cynorhodon, la vodka, le jus de citron vert, le sirop d'agrumes, les graines de fenouil sauvage pilées et un gros glaçon.
- Fermez et shakez pendant 10 secondes.
- Versez dans le verre à travers un tamis pour récupérer les graines de fenouil et les morceaux de glaçons restants. Ajoutez des glaçons si vous le désirez.
- Pour la décoration, j'ai utilisé des pousses de fenouil sauvage et une tranche de citron vert.

NUTTY WHITE RUSSIAN

Le White Russian est le cocktail idéal pour les personnes qui, comme moi, adorent les cafés latte. Pas besoin de liqueur de café pour cette recette : elle est remplacée par du café tout simple, accompagnée de liqueur de noisettes maison pour un goût encore plus réconfortant et pour la touche de sucre.

Pour 1 verre

Ingrédients

- **45 ml de liqueur de noisettes (voir recette p. 75)**
- **30 ml de vodka**
- **30 ml de café fort et refroidi**
- **45 ml de « crème » végétale ou de boisson végétale épaisse**
- **Des glaçons**
- **Pour la décoration : un peu de chocolat fondu et des éclats de noisettes (facultatif)**

Instructions

- Préparez un verre type old fashioned : trempez les bords dans du chocolat fondu, puis dans des éclats de noisettes pour la décoration.
- Versez-y quelques glaçons.
- Versez par-dessus la liqueur de noisettes, la vodka et le café.
- Finissez avec la « crème » végétale (j'ai choisi de la crème de coco) et mélangez à la cuillère avant de déguster.

PINK GIN TONIC

Ajoutez un peu de magie à votre G&T en y mélangeant du sirop de violette ou de muscari : ce sirop bleu prend une superbe teinte rose lorsqu'on y ajoute du jus de citron, donnant à ce Gin Tonic une couleur unique et un petit goût floral.

Pour 1 verre

Ingrédients

- **20 ml de sirop de violette ou de muscari (voir recette p. 50)**
- **20 ml de jus de citron jaune**
- **45 ml de gin aux plantes sauvages (voir recette p. 85)**
- **Du tonic ou de la limonade**
- **Des glaçons**
- **Pour la décoration : 1 ruban de concombre, 1 quartier de citron jaune, 1 fleur de muscari (facultatif)**

Instructions

- Dans le verre de votre choix, versez le sirop de violette ou de muscari, le jus de citron et le gin. Mélangez à la cuillère et regardez la magie opérer : le sirop devient rose.
- Ajoutez des glaçons si vous le désirez, puis ajoutez du tonic jusqu'au bord du verre. Vous pouvez le remplacer par de la limonade si vous préférez.
- Pour décorer, je vous conseille de faire un ruban de concombre classique glissé sur un cure-dent, que j'ai surmonté d'un quartier de citron et d'une fleur de muscari.

TEQUILA SUNRISE

Le Tequila Sunrise est l'un de mes cocktails simples préférés. Composé de jus d'orange, de tequila et de sirop de grenadine, il fait partie de ces cocktails doux et sucrés qui ont un goût d'été et qui peuvent être facilement personnalisés. Ici, on garde le côté orange du jus d'orange en le remplaçant par du nectar de nèfle. Le sirop de coquelicot permet de créer le beau dégradé rouge qui transforme ce cocktail en lever de soleil.

Pour 1 verre

Ingrédients

- **60 ml de tequila**
- **120 ml de nectar de nèfle (voir recette p. 94)**
- **15 ml de sirop de coquelicot (voir recette p. 32)**
- **Des glaçons**
- **Pour la décoration : 1 tranche d'orange séchée ou 1 cerise bien rouge (facultatif)**

Instructions

- Dans un verre, mélangez la tequila et le nectar de nèfle.
- Remplissez un verre collins de glaçons, et versez-y le sirop de coquelicot.
- Versez par-dessus le mélange tequila/jus de nèfle.
- Glissez une cuillère à cocktail au fond du verre (je préfère utiliser le bout du manche plutôt que le côté cuillère) et mélangez délicatement pour créer l'effet de dégradé typique du Tequila Sunrise.
- Décorez selon vos goûts avec un quartier d'orange, une tranche d'orange séchée, une cerise bien rouge ou un brin de menthe sauvage.

Astuce

Vous pouvez aisément transformer ce cocktail en mocktail en omettant la tequila et en la remplaçant par de l'eau pétillante ou par plus de nectar de nèfle.

COSMOPOLITAN CITRON

Le Cosmopolitan est un cocktail classique composé de vodka, de liqueur d'orange, de jus de cranberries et de citron vert. Dans cette version, la liqueur d'orange est remplacée par du limoncello maison et le jus de cranberries par du jus de cynorhodon. Pour retrouver le côté légèrement amer du cocktail, on peut y rajouter une touche de bitter.

Pour 1 verre

❧ Ingrédients

- **30 ml de jus de cynorhodon (voir recette p. 93)**
- **30 ml de limoncello (voir recette p. 72)**
- **45 ml de vodka**
- **10 ml de jus de citron vert (environ ½ citron vert)**
- **3 gouttes de bitter amer (facultatif)**
- **1 gros glaçon pour shaker**
- **1 long zeste de citron jaune bio**
- **Pour la décoration : 1 long zeste de citron jaune bio et des cranberries sur un pic (facultatif)**

❧ Instructions

- Versez le jus de cynorhodon, le limoncello, la vodka, le jus de citron vert, le bitter et le gros glaçon dans le shaker.
- Fermez et shakez énergiquement pendant 10 s.
- Versez dans un verre à martini.
- Au-dessus du verre, pressez le zeste de citron pour parfumer la surface de votre cocktail avec les huiles essentielles du citron, puis frottez délicatement les bords du verre avec le même zeste.
- Pour la décoration, j'ai choisi un zeste de citron et des cranberries sur un pic à cocktail pour rendre hommage à la version originale du Cosmopolitan, mais vous pouvez aussi utiliser des baies de cynorhodon.

VERY BERRY BOURBON

Un cocktail idéal pour découvrir les saveurs du whisky, qui se marient parfaitement avec les fruits rouges acidulés. La couleur rose foncé de ce cocktail est naturelle et donne envie de siroter cette boisson tout le long de l'été. Pour relever le goût du bourbon, j'ai choisi d'y ajouter du thym, mais du romarin sera tout aussi bon.

Pour 1 verre

Ingrédients

- **5 framboises fraîches**
- **5 brins de thym frais**
- **30 ml de bourbon**
- **30 ml de liqueur de fruits des bois** **(voir recette p. 82)**
- **30 ml de sumacade à l'hibiscus** **(voir recette p. 97)**
- **15 ml de sirop de thym (à réaliser selon la méthode du sirop de romarin, voir recette p. 47)**
- **1 gros glaçon pour shaker + de la glace pilée pour le verre**
- **Pour la décoration : du thym et des framboises fraîches (facultatif)**

Instructions

- Dans le shaker, écrasez les framboises à l'aide d'un pilon.
- Ajoutez les brins de thym et écrasez à nouveau, une dizaine de fois.
- Ajoutez le bourbon, la liqueur de fruits des bois, la sumacade, le sirop de thym, le gros glaçon, et shakez une vingtaine de secondes.
- Versez à travers une petite passoire dans un verre type verre à whisky rempli de glace pilée.
- Finissez en décorant avec des brins de thym et des framboises sur un pic à cocktail.

LA MERINGUÉE

La Meringuée est le cocktail-dessert par excellence. Il est inspiré par l'un de mes desserts préférés : la tarte au citron meringuée. Ses saveurs sont douces et acidulées, et la surface est mousseuse et onctueuse grâce à l'ajout d'aquafaba. L'aquafaba est l'eau de cuisson des pois chiches – il se trouve dans les conserves et les bocaux de pois chiches, et joue le rôle du blanc d'œuf sans avoir à casser un œuf : il mousse et se monte en neige quand on le fouette. C'est une alternative idéale pour les allergiques et les végétalien.nes.

Pour 1 verre

❧ Ingrédients

- **30 ml de gin**
- **30 ml de limoncello (voir recette p. 72)**
- **20 ml de sirop de feuilles de figuier (voir recette p. 39)**
- **20 ml de jus de citron jaune (environ ½ citron)**
- **20 ml d'aquafaba**
- **1 gros glaçon pour shaker**
- **Pour la décoration : 1 tranche de citron jaune frais ou séché (facultatif)**

❧ Instructions

- Dans le shaker, mettez tous les ingrédients.
- Fermez et shakez énergiquement pendant 20 secondes.
- Versez en filtrant dans un verre type verre à Martini.
- Décorez simplement, avec une tranche de citron frais ou séché.

WILD LADY

Version sauvage du White Lady, le Wild Lady est un cocktail qui plaira aux fans de gin, comme moi. C'est un cocktail sec, ce qui signifie que l'on n'y ajoute pas de sucre ou de sirop. Certaines recettes y ajoutent du blanc d'œuf pour obtenir une texture plus veloutée : vous pouvez utiliser de l'aquafaba si vous le désirez, comme pour la recette de la Meringuée.

Pour 1 verre

❧ Ingrédients

- **40 ml de gin**
- **30 ml de sloe gin (voir recette p. 86)**
- **20 ml de jus de citron jaune ou vert**
- **1 gros glaçon pour shaker**
- **20 ml d'aquafaba (facultatif)**

❧ Instructions

- Dans le shaker, versez tous les ingrédients.
- Shakez une dizaine de secondes.
- Versez dans un verre type gimlet, ou dans une petite coupe.
- Le Wild Lady étant un cocktail intense, on le décore avec sobriété : avec une fleur sauvage comestible ou 3 petites baies sur un pic à cocktail posé en équilibre sur le verre.

❧ Astuce

Pour un cocktail encore plus fort en goût, vous pouvez remplacer le gin par du gin aux plantes sauvages (voir recette p. 85).

SPRING FIZZ

Ce cocktail allie une recette classique aux saveurs typiques du printemps : fraises et fleurs de sureau.

Pour 1 verre

Ingrédients

- **30 ml de gin**
- **15 ml de liqueur de fleurs de sureau (voir recette p. 81)**
- **60 g de fraises équeutées, fraîches ou surgelées**
- **15 ml de sirop de fleurs à froid (de sureau ou d'aubépine, voir recette p. 44)**
- **20 ml de jus de citron jaune**
- **De la limonade ou de l'eau pétillante**
- **1 gros glaçon pour shaker**
- **Pour la décoration : 1 fraise fraîche (facultatif)**

Instructions

- Dans le shaker et à l'aide d'un pilon, écrasez bien les fraises.
- Ajoutez le sirop de fleurs et le jus de citron et mélangez bien.
- Filtrez votre mélange par-dessus un verre, à travers une petite passoire ; pressez bien à l'aide d'une cuillère pour récupérer le maximum de chair de fraise, sans fibre et sans morceau.
- Rincez le shaker, et reversez-y votre mélange à présent filtré.
- Ajoutez le gin, la liqueur de fleurs de sureau, et le gros glaçon. Shakez une dizaine de secondes.
- Versez dans le verre de votre choix, et allongez avec de la limonade ou de l'eau pétillante bien fraîche.
- Décorez avec des fraises fraîches.

PHILTRE D'AMOUR

À la fois acidulé, fruité, sucré et fleuri, ce cocktail a tout pour vous séduire.
Si le jus de pamplemousse est utilisé pour vous réveiller les papilles, le piquant apporté par la touche de gingembre se chargera de vous réchauffer le corps.

Pour 1 verre

❧ Ingrédients

- **40 ml de jus de pamplemousse**
- **40 ml de vodka**
- **15 ml de sloe gin (voir recette p. 86)**
- **10 ml de sirop de rose ou de lilas (méthode cheong, voir recette p. 52)**
- **3 tranches de gingembre frais**
- **1 gros glaçon pour shaker**
- **1 filet de limonade (facultatif)**
- **Pour la décoration : des fleurs fraîches (facultatif)**

❧ Instructions

- Préparez un verre type coupe ou martini.
- Dans le shaker, versez le jus de pamplemousse, la vodka, le sloe gin, le sirop de rose ou de lilas, le gingembre et le gros glaçon. Shakez une quinzaine de secondes.
- Versez en filtrant dans le verre que vous avez choisi.
- Si vous le désirez, allongez avec un filet de limonade qui permet à la boisson de pétiller légèrement sans chatouiller le nez à la dégustation.
- Décorez avec des fleurs fraîches, si vous le souhaitez.

LE PROVENÇAL

Ce cocktail est comme une soirée d'été en Provence, contenue dans un seul verre. Le whisky se marie délicieusement avec le goût fruité de la liqueur d'amandes vertes, et avec la gourmandise du sirop de feuilles de figuier. Il est encore meilleur à siroter bien froid, installé au bord d'une vigne.

Pour 1 verre

❧ Ingrédients

- **30 ml de whisky**
- **20 ml de liqueur d'amandes vertes (voir recette p. 76)**
- **15 ml de sirop de feuilles de figuier (voir recette p. 39)**
- **20 ml de jus de citron jaune**
- **2 gros glaçons**
- **Pour la décoration : 1 rondelle de citron ou 1 petite feuille de figuier (facultatif)**

❧ Instructions

- Préparez un verre à whisky en y déposant un premier gros glaçon.
- Dans le shaker, versez le whisky, la liqueur d'amandes vertes, le sirop de feuilles de figuier, le jus de citron, et ajoutez le deuxième gros glaçon.
- Fermez et shakez pendant une quinzaine de secondes.
- Versez en filtrant directement dans votre verre à whisky, sur le premier glaçon.
- Décorez si vous le souhaitez avec une simple rondelle de citron, ou avec une petite feuille de figuier sans la tige.

SOLEIL D'AUTOMNE

Un mocktail fruité, sans alcool et plein de vitamines qui plaira à tous les âges ! Cette boisson est parfaite pour découvrir les fruits sauvages tout en douceur.

Pour 1 verre

Ingrédients

- **80 ml de jus d'orange (environ 1 petite orange)**
- **20 g de gelée d'arbouse (voir recette p. 58)**
- **100 ml de jus de cynorhodon (voir recette p. 93)**
- **Des glaçons**
- **Pour le givrage : du sirop de jeunes pommes de pin (voir recette p. 36) et du sucre blanc en poudre**
- **Pour la décoration : 1 fine tranche d'orange et quelques fleurs sauvages (facultatif)**

Instructions

- Givrez le bord de votre verre : dans une assiette, déposez le sucre en poudre. À l'aide d'une cuillère et en tenant le verre à l'envers, recouvrez le bord du verre de sirop de jeunes pommes de pin, avant de le plonger aussitôt dans le sucre (pour que le sirop ne coule pas le long du verre).
- Dans un autre verre, diluez la gelée d'arbouse petit à petit avec le jus d'orange, puis versez le tout dans votre verre aux bords givrés.
- Versez le jus de cynorhodon par-dessus.
- Finissez avec des glaçons.
- Pour la décoration, j'ai choisi une fine tranche d'orange et quelques fleurs sauvages : des fleurs de fausse roquette et de mauve.

MIMOSA ZÉRO

Le Mimosa est un cocktail chic, populaire aux États-Unis, que l'on sert aux mariages, aux brunchs, et même dans certains avions en première classe. Puisqu'il contient du champagne, il est bu dans une flûte à champagne. Personnellement, je le préfère en « zéro » avec de l'eau pétillante : ma version sauvage utilise comme base le nectar de nèfle, et la touche de sirop d'agrumes lui donne tout le peps dont ce mocktail a besoin.

Pour 1 flûte

Ingrédients

- **60 ml de nectar de nèfle** (voir recette p. 94)
- **15 ml de sirop d'agrumes** (voir recette p. 42)
- **De l'eau pétillante**
- **Pour la décoration : des petits fruits frais piqués sur un pic à cocktail, des fleurs fraîches ou 1 petite branche de fleurs de mimosa** (facultatif)

Instructions

- Dans une flûte à champagne, mélangez le nectar de nèfle bien froid et le sirop d'agrumes jusqu'à ce que le sirop soit bien dissous.
- Ajoutez l'eau pétillante, bien froide également.
- Décorez avec des petits fruits frais piqués sur un pic à cocktail, des fleurs fraîches ou encore mieux : avec une petite branche de fleurs de mimosa.

L'ÉCUREUIL

Il y a des cocktails qui sont de vrais desserts, et celui-ci en fait partie. L'Écureuil est comme un chocolat chaud, en version alcoolisée et froide, bien qu'il puisse également se servir chaud. Ce cocktail est encore meilleur lorsqu'il est dégusté à l'automne ou en hiver.

POUR 1 VERRE

❧ INGRÉDIENTS

- **30 ml de liqueur de noisettes (voir recette p. 75)**
- **15 ml de rhum**
- **5 ml ou plus de sirop de feuilles de figuier (voir recette p. 39)**
- **75 ml de boisson végétale de votre choix**
- **1 c. à soupe de poudre de cacao non sucré pour le verre**
- **1 pincée de sel**
- **1 gros glaçon pour shaker**
- **Pour la décoration : des copeaux de chocolat ou de la poudre de cacao (facultatif)**

❧ INSTRUCTIONS

- À l'avance, préparez votre verre (type old fashion, ou celui qui vous fera plaisir) : dans une petite assiette, versez un peu de poudre de cacao. Humidifiez légèrement les bords de votre verre, puis trempez-les dans le cacao pour faire un bord cacaoté.
- Dans un shaker, versez tous les ingrédients.
- Fermez et shakez une vingtaine de secondes.
- Versez le tout dans le verre.
- Décorez si vous le souhaitez de copeaux de chocolat ou de cacao avant de déguster.

VIN CHAUD ZÉRO

Rien n'est plus emblématique de la période hivernale qu'un bon vin chaud ! On peut personnaliser un vin chaud classique en y ajoutant de la liqueur de noisettes ou de fruits des bois, mais dans cette version, je vous propose un vin chaud sans alcool rempli de saveurs qui pourra être dégusté par tout le monde.

Pour 1 tasse

Ingrédients

- **150 ml de jus de raisin**
- **½ orange, bio et non traitée**
- **½ c. à café de graines de fenouil sauvage**
- **½ bâton de cannelle**
- **50 ml de Chartreuse zéro (voir recette p. 90)**
- **1 c. à café ou plus de « miel » de sapin (voir recette p. 55)**

Instructions

- Coupez l'orange en tranches et écrasez grossièrement les graines de fenouil à l'aide d'un pilon.
- Déposez les tranches d'orange, les graines de fenouil et le bâton de cannelle dans une petite casserole, puis versez le jus de raisin par-dessus.
- Portez à ébullition, laissez frémir 5 minutes, puis sortez du feu et laissez infuser 5 minutes de plus.
- Filtrez ensuite le tout dans une tasse, en conservant une tranche d'orange et le bâton de cannelle pour la décoration.
- À part, réchauffez la Chartreuse zéro sans la faire bouillir.
- Ajoutez-la à la tasse, puis sucrez avec du « miel » de sapin selon vos goûts.
- Dégustez bien chaud.

BAUDELAIRE
LES FLEURS DU MAL

GROG DE LA FORÊT

En hiver, j'ai besoin de réconfort – et parfois, j'ai besoin d'un petit remontant quand le vent est froid et qu'un rhume commence à pointer le bout de son nez. Un grog bien chaud est parfait pour l'occasion ! Pour aromatiser celui-ci, j'utilise de l'épicéa ou du sapin, qui ont l'avantage d'être tous deux riches en vitamine C.

Pour 1 tasse

Ingrédients

- **150 ml d'eau**
- **1 petite branche d'épicéa ou de sapin type de Douglas**
- **½ c. à café de graines de fenouil sauvage**
- **½ bâton de cannelle**
- **Le jus de ½ citron jaune (environ 20 ml)**
- **15 à 30 ml de rhum selon votre goût**
- **1 c. à café ou plus de « miel » de sapin** **(voir recette p. 55)**
- **3 gouttes de bitter amer ou acidulé (facultatif)**

Instructions

- Dans une tasse, pilez grossièrement les graines de fenouil et la cannelle.
- Dans une petite casserole, versez l'eau et ajoutez la branche d'épicéa, les graines de fenouil sauvage et la cannelle.
- Portez à ébullition, laissez frémir 5 minutes, puis sortez du feu et laissez infuser 5 minutes de plus.
- Dans la tasse, versez le jus de citron, le rhum et le bitter si vous en utilisez.
- Versez l'infusion chaude par-dessus, puis mélangez-y une belle cuillère de « miel » de sapin avant de déguster.

Index par ingrédients

Chartreuse

Citron

Clou de girofle

Cognac

Coquelicot

Coriandre

Cornouille

Cynorhodon

Eau pétillante

Épicéa

Fenouil

Feuille de figuier

Fleur d'aubépine

Remerciements

Merci avant tout à Adrien, ma moitié, mon âme sœur, pour ton aide et ton soutien inconditionnel depuis la création de L'Herboriste. Chaque aventure, chaque exploration, est bien plus passionnante quand tu en fais partie. Merci pour ton amour, pour ton écoute, pour ton intérêt dans tout ce que j'entreprends, pour ta patience qui dépasse bien souvent la mienne.

Merci également à Valentin pour ta présence et tes encouragements inestimables. Ces dernières années d'amitié comptent bien plus que ce que tu peux imaginer. J'espère que ce livre te fera surpasser ta peur des mûres sauvages.

Merci à Céline pour la confiance qu'elle m'a accordée en me confiant ce projet, ainsi qu'aux Éditions La Plage pour la création de cet ouvrage. Grâce à vous, je réalise le rêve de toute ma vie : devenir autrice.

Merci à mon petit chat Harry qui m'a réchauffée les genoux pendant l'écriture de ce livre, et qui remplit mon quotidien de bonheur.

Et un merci tout particulier, évidemment, à toute ma communauté, sans qui je ne serais pas là aujourd'hui. Merci de me suivre, de me soutenir, de m'inclure dans votre quotidien. Merci d'avoir donné une importance à ma voix et de m'avoir montré qu'on pouvait m'apprécier pour qui je suis. Je dédie ce livre à vous tous·tes, à tout le chemin parcouru, et à tout ce qu'il reste à parcourir.

Achevé d'imprimer en août 2023